GÜTERSLOHER
VERLAGSHAUS

G

RUPERT NEUDECK

Radikal leben

Gütersloher Verlagshaus

Bibliografische Information der Deutschen Nationalbibliothek

Die Deutsche Nationalbibliothek verzeichnet diese Publikation
in der Deutschen Nationalbibliografie; detaillierte bibliografische
Daten sind im Internet über https://portal.dnb.de abrufbar.

MIX
Papier aus ver-
antwortungsvollen
Quellen
FSC® C014889

Verlagsgruppe Random House FSC® N001967
Das für dieses Buch verwendete FSC®-zertifizierte
Papier *EOS* liefert Salzer Papier, St. Pölten, Austria.

2. Auflage, 2015
Copyright © 2014 by Gütersloher Verlagshaus, Gütersloh,
in der Verlagsgruppe Random House GmbH, München

Coverfoto: © Britta Pedersen / picture alliance / dpa
Druck und Einband: Friedrich Pustet GmbH & Co. KG, Regensburg
Printed in Germany
ISBN 978-3-579-07070-4

www.gtvh.de

INHALT

WENN IHR NICHT WERDET
WIE DIE KINDER!
BRIEFE VON NOLA UND MILENA

Im Jahr 2013 kommt eines Tages unsere kleine 6-jährige Enkeltochter Nola Neudeck auf die Idee, der Leiterin – nein, sie sagt, der »Chefin von Deutschland«, – einen Brief zu schreiben. »Angela Merkel, Gogo, ist doch die Chefin von Deutschland?«

Gogo ist ein Wort aus der Shona-Sprache, die in Zimbabwe gesprochen wird. Nola hatte drei zusammenhängende Jahre in Zimbabwe gelebt, weil ihre Eltern, Yvonne Neudeck und Jürgen Mika dort gearbeitet haben.

Sie hat dort ganz viel gelernt. Das Schönste, das sie gelernt hat, ist noch ohne jede Anstrengung gegangen. Sie ist für ihr ganzes Leben unfähig und untauglich, irgendwelche Vorurteile, Abwehrgesten, Abneigungen gegen jemanden zu haben, der eine interessante andere Hautfarbe hat. Sie ist mit schwarzen Jungen und Mädchen in einer Art Kita aufgewachsen, und sie hat dabei etwas gelernt, was kaum noch jemand lernt, nämlich beten. »Jesus loves me« singt sie, wenn sie ganz fröhlich ist. Und ich kann an den Gebeten nichts finden, was sie schief oder verkehrt aufwachsen lässt, im Gegenteil. Als wir dieses Jahr einen furchtbaren Zeitraum von 111 Tagen durchleben mussten, in dem der Grünhelm und Ingenieur Ziad Nouri in Geiselhaft in Syrien war, hatte sie jeden Abend gesagt: Sie betet jetzt für Ziad Nouri.

Und Gogo heißt eben auf Deutsch »Großmutter«. Und da Nola seit einem Jahr in Deutschland lebt, auch weil Robert Mugabe spätestens Ende 2012 alle Weißen aus dem Land haben wollte, weil sie ihm nur querlagen und als potentielle Wahlbeobachter lästig waren, bekamen Yvonne Neudeck und Jürgen Mika nicht mehr das Arbeitsvisum.

So saß sie an einem Abend und sagte: »Gogo, die Merkel ist doch die Chefin von Deutschland??« – »Ja«, sagte die Großmutter. Und dann diktierte Nola ihrer Gogo einen Brief an Frau Merkel:

Da der Brief an die Bundeskanzlerin auch abgeschickt wurde, zitierte ich ihn hier mit Genehmigung von Nola Zodwa Neudeck:

Troisdorf, 8. Januar 2013

Liebe Angela Merkel,

ich habe einen Brief für Dich!
Also, der Brief ist: Ich war mal in Simbabwe,
das ist in Afrika.
Und da gibt es einen Präsidenten, der heißt Mugabe.
Und der ist böse, weil der manchmal Leute tötet.
Und alle Leute aus Afrika wollen den weghaben.
Und wollen einen anderen Präsidenten oder
eine Präsidentin.
Können wir bitte besprechen, dass der wegkommt?
Oder dass der so wird wie Du.
Meine Oma kann Dir sagen, wo wir wohnen, damit
wir das besprechen können.

Deine Nola.

Das Neue Testament ist da schon klar: Wenn ihr nicht werdet wie die Kinder, so werdet ihr nicht ins Himmelreich kommen! (Matthäus 18,3)

Das bedeutet auch etwas Sehnsüchtiges: Wir werden ja nie mehr wie die Kinder.

Wir werden ja Erwachsene und sind dann Erwachsene. Und erwachsen sein heißt vernünftig sein, gesittet, ordentlich, klug auf seine Gesundheit und sein Sparkonto achten, taktisch und strategisch in Form sein und bleiben. Aber doch nicht direkt sagen, was man denkt, meint oder fühlt.

Deshalb ist das ein so unglaubliches Alter, in dem man noch ganz eindeutig ohne Scharniere, Bandagen und Hemmungen einfach was sagt, was man sieht und empfindet.

1991 war es ähnlich. Eine Krankenschwester von uns (damals war das noch die Organisation Cap Anamur – Deutsche Not-Ärzte e.V.) war auf eine Landmine in der Nähe von Hargeysa gefahren. Beide Füße wurden zerfetzt, die neben ihr sitzende somalische Krankenschwester verlor ein Bein. Das war ein Moment, wo wir mit der Arbeit sofort aufhören wollten. Mit der ganzen Arbeit, sofort.

Aber diese Krankenschwester hatte die Größe, uns geradezu ins Gesicht zu sagen: »Das könnte euch so passen. Ihr müsst jetzt mit einer präventiv-medizinischen Aktion beginnen: Ihr müsst anfangen, Minen zu räumen.«

Gesagt, getan, ich zog noch mal in das von Landminen verseuchte Somalia, rund um den Flughafen auf der Anhöhe bei Hargeysa, und in weiten Teilen des Nordens war alles von Minen übersät. Ein Mitarbeiter der britischen kommerziellen Firma »Rimfire« erklärte mir, dass wir Deutschen ja in einer glücklichen Situation wären. Nach der Wiedervereinigung seien wir im Besitz von Minenräumpanzern der sowjetischen Panzermarke T-55, die mit einem Vorschlagpanzer von 3 Tonnen auf den Boden schlagen und die Minen dabei zur Explosion bringen.

Wir brauchten diese Geräte. Also ging ich nach der Rückkehr aus Somalia gleich zum Auswärtigen Amt und ›bestellte‹ Minenräumpanzer. Einige im Amt fanden es horrend, dass eine humanitäre Organisation Panzer anfordern könnte. Das ging lange hin und her. Wegen des dann schon ausgebrochenen Bürgerkrieges in Somalia sind wir einer Anfrage aus Angola gefolgt, auch dieses Land ins Visier zu nehmen, das neben Kambodscha als das am meisten mit Minen verseuchte Land der Erde galt.

Schließlich wurde mir signalisiert, dass das Verteidigungsministerium bereit sei, uns dieses schwere Gerät zur Verfügung zu stellen.

In der Zwischenzeit hatte unsere jüngste Tochter das alles gut mitbekommen, wir redeten ja am Tisch morgens, mittags und abends andauernd von dieser ganz neuen Aktion. Ich wurde dann am 23. Januar 1992 auf die Hardthöhe gebeten. Wie gesagt ging ich sehr frohgemut, weil mir signalisiert worden war, dass wir diese schweren Geräte bekommen sollten.

Umso größer war meine Enttäuschung, als die anwesenden Vertreter des Auswärtigen Amtes verkündeten, dass das jetzt nicht mehr gehe, der UNO-Sicherheitsrat hatte ein Embargo für Waffen in Somalia verkündet. Wir entgegneten, dass wir diese Minenräumpanzer ja nur im kastrierten Zustand benutzen wollten, Kanone abgesägt, Maschinegewehre abgeschweißt.

Jedenfalls war ich völlig enttäuscht und sagte das zuhause. Da spürte ich, wie unsere 11-jährige Tochter Milena fuchsteufelswild wurde und sich nicht mehr im Zaum hielt. Sie erklärte, sie müsse einen Brief schreiben, um dagegen zu protestieren. An wen sie schreiben sollte? Wir rieten ihr:

an den Bundesaußenminister Hans-Dietrich Genscher im Auswärtigen Amt.

So setzte sich die 11-jährige Milena Neudeck hin und schrieb mit der Hand – das war noch die Zeit vor den Computern – einen Brief mit ein paar kindlichen Fehlern an den Außenminister Hans-Dietrich Genscher.

Ich will ihn hier zitieren, weil er von einer Klarheit ist, wie wir sie als Erwachsene kaum noch kennen:

Troisdorf, 24. Januar 1992

Herr Genscher!

Ich finde es eine saublöde Sauerei, dass Sie dem Komitee Cap Anamur die Minenräumpanzer nicht geben wollen. Sie meinen wohl, weil es Ihnen gut geht, können Ihnen die Leute in Somalia egal sein.
Würden Sie gern ohne Ihre Beine leben?
Die Leute da müssen es, sie können es sich nicht aussuchen!
Außerdem braucht Deutschland garantiert keine Minenräumpanzer, das müssen Sie doch zugeben!
Die Leute da aber brauchen die Panzer, um wenigstens die großen Flächen wie Äcker, Felder usw. leer zu räumen.
Die Bauern in Somalia können nicht mehr auf ihre Felder, obwohl sie davon leben müssen.
Das kann Ihnen doch nicht einfach egal sein!

Wenn Sie anderer Meinung sind, würde ich Sie bitten, mir wenigstens einen wirklich triftigen Grund zu schreiben, warum Deutschland die Minenräumpanzer nicht denen geben will, die sie brauchen.

Milena Neudeck, 11 Jahre.

Das ist ein Brief, den man als Erwachsener nicht mehr schreiben kann. Man verliert den Mut zu einem Ausbruch der Gefühle, zu einem Ausbruch dieser klaren Vernunft, den man als Kind noch hat.

SCHWERTER ZU PFLUGSCHAREN:
DAS MINENRÄUMEN

Iᴄʜ ʜᴀʙᴇ ᴇɪɴᴇɴ ᴀʟᴛᴇɴ Bʀɪᴇꜰ ᴠᴏʀ ᴍɪʀ, der mir heute noch Respekt einflößt. Ich habe damals im Gefolge der ersten Bewilligung gleich nach noch mehr Material gefragt, einfach, weil ich wollte, dass wir das für unseren lebensrettenden Versuch benutzen sollten, Minen zu räumen. Es war eine entsetzlich schwierige Arbeit, aber wir wollten sie tun.

Ich schrieb am 8. Mai 1992 dem Arbeitsstab im Rü T II des Verteidigungsministeriums, der damals das Material der ehemaligen NVA verwaltete:

Sehr geehrter Herr H.,

sofort will ich auf Ihre Frage nach der Spezifikation unserer Wünsche reagieren.

Wir wollen in der allernächsten Zeit unsere Aktivitäten im Minenräumbereich ausweiten. Kambodscha steht an alleroberster Stelle.

Dafür würden wir brauchen:

6 EA (Einzelanfertigung) Panzer T 55

2 EA Panzer T 55 TK (Kran-Panzer)

2 EA Kettenfahrzeuge

1 EA PWIE URAL 4320 (Panzerwerkstattwagen)

1 WA WRST MRS IV mit Acrobil (Werkstattwagen mit Stromaggregat)

1 Acrobil (Stromaggregat)

6 KRAZ 255 BT 55 TK (LKW mit Minenräumgerät)

1 STW T 148 mit CP 11 (Tankwagen mit Anhänger)

1 CT 11 (Anhänger mit Tankwagen)

1 RMZ T 183 (Zugfahrzeug für Tieflader 50/60)

3 Tieflader SL P 50/80

24 KMT 5 (Minenräumgeräte als Ersatz)

2 GAD 40 T 55 TK TGRDP (Elektroaggregate)

2 GAD 20 T 55 TK

30 Funkgeräte R 123 inkl. Einbau

18 KMT-5

24 KMT-6

20 MSG – 75 (inkl. Zubehörgeräte, Batterie und Ladegeräte)

5 Gabelstapler 3 t

6 Jeeps

4 Batterie-Ladegeräte 6 V und 12 V,

Batterien R 20

120 Zelte

800 Decken

100 Feldbetten

20 Minenräumschutz-Anzüge, mit Schutzhelmen

plus Visier.

Die ersten Monate nach dem Kalten Krieg waren eine besondere Zeit: Die Welt war im begeisterten Vormarsch zur Abrüstung und zur Friedensdividende. Wir glaubten alle daran, wir waren jedenfalls so fasziniert von der neuen Welt und von dem Ende der Geschichte, dass wir uns nur noch enthusiastisch bewegten.

Kurz: Wir waren friedensselig und friedensbeseelt, manchmal friedenstrunken.

Aber wir hatten uns diesen Ruf, friedenstrunken zu sein, auch schwer erkauft.

Ich habe mich in der Nähe von Waffen immer physisch unwohl gefühlt. Ich weiß, dass wir in menschlichen Gesellschaften Waffen für die Polizei brauchen, die wirklich die Möglichkeit haben muss, mich zu schützen, wenn ich – wie Heinrich Böll das so schön sagte – besoffen aus der Kneipe nach Hause gehe und mich einer ausrauben will, weil er meinen Zustand der Trunkenheit ausnutzen will. Aber das

Begehren nach immer tödlicheren und teuflischeren und gemeineren und heimtückischeren Waffen habe ich nie begreifen können.

Die Waffe, auf die wir wegen ihrer heimtückischen Gefährlichkeit aufmerksam wurden, habe ich im letzten Kapitel schon erwähnt. Die sogenannte Landmine, eine Waffe, die dazu da ist, auch über die akuten Kriege und Konflikte hinaus sich dadurch auszuzeichnen, dass sie die Menschen nicht bloß tötet, sondern verstümmelt. Das heißt, dass sie ihren Opfern das Bein, den halben Unterleib oder einen Arm absäbelt.

Unsere Helferin Helmien H. war in Nordsomalia 1990 auf eine Antipanzermine gefahren, es waren ihr die Füße abgefetzt worden.

Sie konnte mitsamt der somalischen Krankenschwester Nimao Abdelkader von Djibuti nach München ins Krankenhaus rechts der Isar geflogen werden. Für uns galt: wir wollten nie wieder einen Mitarbeiter in ein Land hinausschicken, dem so etwas passieren kann. Deshalb begannen wir einen Kampf gegen die Produzenten von Landminen, die manchmal – die Lobbys lassen sich da viel einfallen – dadurch erschwert werden soll, dass man zwischen guten und bösen Landminen unterscheiden muss. Die Unterscheidung ist Unsinn, denn diese Landminen sorgen definitiv immer dafür, dass Menschen verkrüppelt werden. Aber man unterscheidet Antipersonenminen und Antifahrzeug- oder Antipanzerminen. Die Antipersonenminen sind die hässlichen, während die anderen als die *anständigen* gelten, denn Militärs können sie gleichfalls als Panzersperre an der Grenze oder Demarkationslinie von Nord- nach Südkorea einsetzen.

Da ich nun die Produktion dieser Waffen immer auf radikale Weise verurteilt habe, habe ich damit nicht aufgehört, als ich erfuhr, dass solche Minen auch weiter bei der Troisdorfer Firma Dynamit Nobel produziert wurden. Also gleich um die Ecke. Da wir ja nun seit 1991 auch in Angola Minen geräumt haben, kam ein Witzbold auf die Idee, an der Autobahnbrücke an der Ausfahrt Troisdorf/Spich zwei Plakate anzuhängen, rechts zum Minenräumer, der damals Cap Anamur hieß, und links in Richtung Dynamit Nobel des Minenherstellers.

Da platzte am 28. Juli 1994 per Einschreiben bei uns im Hauptquartier der seitenlange Antrag von Dynamit Nobel auf Erlass einer einstweiligen Verfügung herein: Mir sollte untersagt werden, Folgendes weiter zu behaupten oder zu verbreiten:

1. Dynamit Nobel produziere, verkaufe und exportiere »sog. Antipersonenminen, die in vielen Fällen der Dritten Welt verhängnisvolle Folgen für die Bevölkerung nach sich ziehen«;

2. Dynamit Nobel produziere »ein solches Mordinstrument«;

3. Es handele sich bei der Firma Dynamit Nobel um eine verbrecherische Firma, »die sich bequem weiter im Faulbett der Erfindung intelligenter und immer profitträchtigerer Waffen suhlt«;

4. Ich sollte auch nicht mehr verbreiten, dass im Compound von Dynamit Nobel am 16. Juni 1993 eine von der Firma vorbereitete Vorführung des Selbstzerstörungsmechanismus einer Panzerabwehrmine nicht geklappt habe.

Mir wurde in der schnöden, für einen Normalleser und -bürger kaum verständlichen Juristensprache für den Fall, dass ich nicht gleich zu Kreuze krieche und verspreche, diese vier Werturteile nicht mehr zu wiederholen, ein Ordnungsgeld von bis zu 500 000 DM (zu gut deutsch eine halbe Million DM) angedroht. Für »den Fall, dass dieses nicht beigetrieben werden kann«, erwarte mich eine »Ordnungshaft«.

Das war natürlich starker Tobak. Der Brief wurde am Samstag, den 30. Juli 1994, von Franz Alt bei dem Jahrestreffen der Boots-Flüchtlings-Vietnamesen im Bürgerhaus von Troisdorf vorgelesen, der eigentlich nur gekommen war, um die 3000 Vietnamesen, die da zusammengeströmt waren, durch seine Zauberkünste zu beglücken. Es knallte aber auf andere Weise in dieser Festversammlung, in der man eigentlich keinen Konflikt dieser Art brauchen konnte. Der Brief kam per Einschreiben genau an dem Tage unseres Vietnamesenfestes in Troisdorf/Spich an. Die Firma hatte sich eigens auf diese Versammlung kapriziert, weil sie Angst hatte, dass ich an diesem Tag weitere »Verletzungshandlungen« begehen würde.

Was hatte die Firma so aufgeregt? Ich kann es heute gern sagen, aber es ist eher peinlich. Ich hatte einen Auftrag von der Abiturzeitung eines Gymnasiums in Troisdorf, der Abiturklasse von 1994 zu sagen, was ich mir für sie wünsche. Ich dachte, junge Leute, die Akademiker werden, brauchen noch mal, bevor sie ›ins Leben treten‹ eine harte und klare Ansprache. Ich erklärte, dass mir das Frühstück von vorgestern hochkommt, wenn ich von der »Steigerung der Waffenexporte« erfahre – und immer sehe, wie Menschen auf Minen treten und zerfetzt werden, wie sich Somalis mit Granaten, Angolaner mit Stalinorgeln weiter malträtieren. Und dann kamen die Sätze, die die Firma zu Recht so aufgeregt haben, das war ja auch meine Absicht gewesen:

»Die Firmen, die sich bequem weiter im Faulbett der Erfindung intelligenter und immer profitträchtigerer Waffen suhlen, sind verbrecherisch. Als ich vor Monaten auf Einladung der Chefetage von Dynamit Nobel in Troisdorf mit dem Vorstandsvorsitzenden zusammensaß, meinte der vollmundig: ›Wissen Sie, Sie müssen das alles rational und emotionslos sehen‹«.

Im Juristendeutsch wurde dem Landgericht Bonn, bei dem der »Erlass auf einstweilige Verfügung« einging, gesagt, sowohl die Tatsachenbehauptung wie das Werturteil »stellen einen rechtswidrigen Eingriff in den ausgeübten Gewerbebetrieb der Antragstellerin dar«.

Um es kurz zu machen, das Landgericht Bonn lehnte den Antrag auf einstweilige Verfügung ab. Die Firma ging in Berufung beim Oberlandesgericht in Köln. Auch die

Verhandlung vor dem Oberlandesgericht verlief für mich günstig, denn der Richter war durchaus in der Lage, die Argumente wahrzunehmen, die ich angeführt hatte. Ich hatte in unserem Minenräumcamp in Angola von unseren Helfern den Bericht »Jane's Book of Military Vehicles and Weapons 1993–1994« (wir nannten das Buch den Quelle-Bestellkatalog für Waffen – weltweit!) gelesen, in dem es auf Seite 207 ausführliche Angaben über die Antipersonenmine AP 2 gab. Auch wenn es dabei hieß, dass diese Antipersonenmine sich noch im Stadium der Entwicklung befinde, fühlte ich mich damals hintergangen von Dynamit Nobel, die uns gesagt hatten, dass sie keine Antipersonenminen mehr herstellen würden.

Die Berufung der Firma wurde am 7. März 1995 zurückgewiesen.

Ich habe, so heißt es in dem Urteil, das mir und damals Cap Anamur Recht gibt, zu Recht behauptet, dass die Troisdorfer Firma Minen herstellt. Minen stellen – wie »intelligent« und »feinfühlig« sie sein mögen, stets eine erhebliche Gefährdung für die Zivilbevölkerung dar. »Gute Minen gibt es nicht und wird es nicht geben; alle Minen, gleich welcher Art, müssen daher wie chemische und biologische Waffen international geächtet und ihre Produktion muss grundsätzlich verboten werden; damit müssen wir *zu Hause* anfangen, zum Beispiel dadurch, dass die Herstellung und Entwicklung von Minen bei Dynamit Nobel eingestellt wird«. So hörte und las sich der Originaltext des Richters beim Oberlandesgericht Köln am 7. März 1995.

Natürlich hat mir der Richter aufgegeben, was für mich aber sowieso selbstverständlich war, dass das Urteil »nicht etwa besagt, dass die Verfügungsklägerin (das ist Dynamit Nobel) von jedermann und in jedem beliebigen Kontext als ›verbrecherisch‹ bezeichnet werden dürfte«.

Bei dem Beitrag, den ich für die Abiturzeitung des Gymnasiums Altenforst schrieb, hatte es sich um einen zornigen Beitrag gehandelt. Das Gericht noch einmal: »Vor diesem Hintergrund sei deutlich, dass der Bezeichnung von Dynamit Nobel als »verbrecherische« Firma gerade nicht jeder sachliche Ansatzpunkt fehlt.

Es war ein heißer Tag, und wir haben uns gefreut: Es gibt noch Richter in Deutschland. Richter in Deutschland sind unabhängig. Sie hatten Recht gesprochen. Ich darf meinen freien Meinungskampf gegen die weitere Entwicklung, Produktion und Proliferation von diesen »Teufelsdingern« fortsetzen. Das Wort von den »Teufelsdingern« stammt von Klaus Kinkel, damals Außenminister der Bundesrepublik Deutschland. Er war einer der interessantesten Menschen, die ich auf dem Parkett der hohen Politik erlebt habe. Ganz sicher gehörte er zu den ›Menschen‹ unter den Politikern, die in der Lage sind, eine menschliche Sauerei und eine menschliche Problematik eindeutig zu erkennen. Kinkel wurde in der Zeit seines Ministeriums der heftigste Gegner und Befürworter eines weltweiten Verbots der Produktion, des Exports und der Entwicklung von Landminen.

Diese Zeit war die größte visionäre Zeit für uns, eine biblisch visionäre: Wir hatten wirklich vor, möglichst viele Panzer in Minenräumgeräte umzuwandeln. Und diese Vision wurde Wirklichkeit. Wir haben drei ganze Jahre in Angola gearbeitet, um tödliche Waffen als Pflugscharen zum Minenräumen zu gebrachen. Das war eine totale Umkehrung des Gebrauchszwecks.

Waffen wurden zu Anti-Waffen. Und darauf konnten wir damals für ganze drei Jahre stolz sein.

Dann haben wir das Minenräumen aufgegeben, es hatte sich allzu sehr kommerzialisiert. Wir hätten nach den weltweit geltenden UN-Regeln neben jedes Minenräumteam einen Hubschrauber mit Arzt setzen müssen. Das haben wir dann nicht mehr geschafft.

Es war auch sehr gefährlich. Aber der Versuch, Waffen in Werkzeuge des Friedens zu verwandeln, ist der schönste und heimlichste Traum von uns Menschen auf der ganzen Welt. Er wird nie zu Ende sein. Ruth Pfau beschreibt in ihrem letzten Buch »Verrückter kann man nicht leben« einen ähnlichen Traum, der schon fast Wirklichkeit geworden ist. »In Afghanistan hatte ein Mudschaheddin seinen dreijährigen Sohn zwischen seinem Maschinengewehr und dem Gewehr eines Freundes geparkt, in der Sprechstunde, während er sich den Blutdruck messen ließ.« Der kleine Kerl hatte nichts Besseres zu tun gehabt, als die glitzernden Aufschläge des Gewehres näher zu inspizieren, und hatte bald herausgefunden, dass man mithilfe eines Teelöffels damit sogar Musik machen konnte: ding-dong-ding-dong. Der Traum von Ruth Pfau ist auch meiner. Dass wir wie der Bub Maschinengewehre zu Musikinstrumenten umfunktionieren.

EIN TAGTRAUM: KÖNIGSBERG
DARF ENDLICH *KANT* HEISSEN

Niemals ist mir aus dem Kopf gegangen, dass ich 1998 in Pjöngjang im »Diplomatenzoo« auf Einladung der deutschen Botschafterin mit dem polnischen Botschafter zusammensaß, dem ich erzählte, dass er für mich als geborenen Danziger eigentlich auch zuständig sei. Daraufhin beglückwünschte er mich, ich könne hier unter dem Patronat zweier Botschafter herumreisen.

Aber im Verlauf des Abends hatten wir einen Plan. Und da der Plan noch immer nicht umgesetzt wurde und er ziemlich klar und radikal ist, will ich ihn hier ausbreiten.

Die einzige Stadt, die sich nach dem Fall der Mauer, dem Ende des Kalten Krieges und dem Ende der von Lenin und Stalin gegründeten Sowjetunion immer noch mit dem Namen eines Verbrechers in unserem 21. Jahrhundert blicken lässt, ist ausgerechnet Kaliningrad, das früher Königsberg hieß.

Nun wird keiner gleich verlangen, dass diese unnatürliche Enklave Ostpreußens dem russischen Empire ganz entrissen werden sollte, nein. Aber die Zugehörigkeit zum 21. Jahrhundert und zu Europa könnte allein durch die Änderung des Namens dokumentiert werden.

Denn Michail Kalinin war einer der Schwerstverbrecher um Stalin herum, einer der möglicherweise opportunistischsten, denn er ließ sogar seine eigene Frau von Stalin umbringen, um in einer repräsentativen Funktion als Präsident der UdSSR weiterzuagieren.

Gleichermaßen ist der ganzen Menschheit oder der schulgebildeten Menschheit, was auf Dauer ja identisch werden wird, der Name Königsberg mit einem Philosophen verbunden, der zwar alles auf Deutsch geschrieben hat und diese ostpreußische Provinzhauptstadt nie verlassen hat, dessen Lebenswerk aber nicht Deutschland, sondern der Menschheit gehört: Immanuel Kant.

Wenn dieses Europa noch Mumm hat, dann muss es schleunigst die Mitgliedschaft Russlands im Europarat an die imperativische Änderung des Stadtnamens binden. Der Name kann ruhig russisch fundiert sein, also »Kantgrad« oder ähnlich lauten.

Aber zweierlei muss jetzt 2014 durchgeführt werden:

Der Name Kalinin muss geändert und gestrichen, und der Bezug zu Immanuel Kant muss im Namen der Stadt auftauchen.

Entweder – das wäre das Genialste – taucht der Name ohne Zusatz auf und die Stadt, das alte Königsberg heißt demnächst einfach KANT, oder die Stadt nennt sich Kantgrad.

Immanuel Kant wurde am 22. April 1724 in Königsberg geboren und starb dort am 12. Februar 1804. Die Königsberger, so vermitteln uns die Biographen, kannten ihren Professor, der dort seit 1755 an der Universität lehrte – konnten die Uhr nach ihm und seinem Tageslauf stellen. Nach dem Mittagsessen ging er immer eine Stunde spazieren, weil das für Intellektuelle und Professoren sowieso gut ist – neben dem vielen Sitzen Bewegung zu haben, aber auch weil er am liebsten im Gehen philosophierte. Im Herbst 1762 macht er einige Tage keinen Spaziergang. Was ist los? Ist der Professor krank? Nein, er ist nicht krank. Er liest die deutsche Übersetzung von Jean-Jacques Rousseaus Hauptwerk »Emile oder über die Erziehung« und kann mit der Lektüre nicht aufhören. Er liest:

Alles, was aus den Händen des Schöpfers kommt, ist gut; alles entartet unter den Händen des Menschen. Nichts will er so, wie es die Natur gemacht hat, nicht einmal den Menschen. Man muss ihn dressieren wie ein Zirkuspferd. Er muss ihn seiner Methode anpassen und umbiegen wie einen Baum in seinem Garten.

Kant, der sich ursprünglich für einen Naturforscher hält, wird von Rousseau umgewandelt. Von Stund an hängt in seinem Haus eine Büste von Jean-Jacques Rousseau. Zwei Jahre nach dem Damaskuserlebnis schreibt Kant über seine Prägung durch Rousseau:

> *Ich bin selbst aus Neigung ein Forscher. Ich fühle den ganzen Durst nach Erkenntnis und die begierige Unruhe darin weiterzukommen oder auch die Zufriedenheit bei jedem Erwerb. Es war eine Zeit, da ich glaubte, dieses allein könnte die Ehre der Menschheit machen, und ich verachtete den Pöbel, der von nichts weiß. Rousseau hat mich zurecht gebracht. Dieser verblendende Vorzug verschwindet, ich lerne die Menschen ehren und ich würde mich weit unnützer finden wie den gemeinen Arbeiter, wenn ich nicht glaubte, dass diese Betrachtung allen übrigen einen Wert erteilen können, die Rechte der Menschheit herzustellen.* [1]

Deshalb sollen wir mit diplomatischer Grazie der Russischen Regierung unter Wladimir Putin (oder wem auch immer) diesen Plan vortragen, der darin besteht, den weltweit ehrfürchtig genannten Namen des Königsberger Philosophen Kant wieder im Stadtnamen von Königsberg unterzubringen.

Kaliningrad sollte die Stadt auf keinen Fall mehr heißen.

Kalinin gehört in die Gruppe von Massenmördern, die in der Zeit des Roten Massenterrors, bei dem Millionen von Menschen aus der Sowjetunion in die Gulags (Arbeitslager) getrieben wurden, ohne Rücksicht darauf, wie viele dabei ermordet oder durch Hunger, Kälte und Entbehrung elendiglich gestorben sind. An keiner Stelle hat sich Kalinin auch nur einmal durch ein oppositionelles Husten gegen den Massenterror und Massenmord durch Josip Wissarionowitsch Stalin erhoben.

Im Gegenteil: Als der Revolutionär und Philosoph Nikolai Bucharin seine sogenannte parteifeindliche Haltung gegen Stalin durch einen Hungerstreik zu verstärken versuchte, war Kalinin alles andere als am Widerstand beteiligt. Bucharin hat vielleicht noch einige davon überzeugt, dass das bolschewistische Sowjetreich in eine der Unterdrückungsperioden voller Massenmorde einschwenkte. Auf dem Plenum am 23. Februar 1934 warteten ein oder zwei unter den älteren Genossen auf einen erfolgreichen Widerstand in den Parteigremien. Sie bewiesen sogar die Zivilcourage, ihre Gefühle zu zeigen. Iwan Akulow zum Beispiel sagte zu Bucharin: »Sei ein Mann, Nikolai Iwanowitsch!«, und auch Uborewitsch drückte ihm die Hand. Dann traf Bucharin auf Stalin, dieser forderte ihn auf, sich auf der Plenarsitzung für seinen Hungerstreik zu entschuldigen, und er versicherte ihm, dass er nicht aus der Partei ausgeschlossen würde, was sich nachher als falsch erwiesen hat. Niemals hielt Stalin bei dem Bestreben inne, Widersacher umzubringen oder auszurotten. Daraufhin, so berichtet Robert Conquest, habe Bucharin mit den entsprechenden Reuebekundungen begonnen. Er wurde daraufhin von Kalinin heftig angegriffen.[2]

Es gibt jedenfalls keinen einzigen Grund mehr, uns an den Namen Kalinin zu gewöhnen, auch nicht an den nur noch nostalgisch klingenden KÖNIGSBERG. Nein, die Stadt kann nur den Namen des weltbekannten Philosophen tragen, mit dem die Moderne und Aufklärung ihren Höhepunkt erreichte: KANT.

DER ZUSTÄNDIGE UND DER »SEERECHTSREFERENT« – ZWEI TYPEN, VOR DENEN MAN SICH HÜTEN SOLLTE

Das Wort »Der Zuständige« haben wir im Leben immer wieder gehört. Damit wird Achtung, Respekt, manchmal auch Ehrfurcht verbunden. Wenn wir überfallen und bestohlen werden, gehen wir zum Zuständigen, zur Polizei. Und Gott sei Dank ist sie da. Wenn wir etwas erfahren wollen über die Bedingungen, unter denen wir jemanden aus einem Land aufnehmen können, auf Zeit oder für die Ewigkeit, gehen wir zum Ausländeramt.

Zuständigkeiten bestimmen unser Leben, und nur Anarchisten wollen das aufheben.

In gewisser Weise tun die Anarchisten gut daran. Denn

Zuständige können genau das verhindern, was Gesellschaften auch brauchen: leidenschaftliche und große Taten.

Als wir nach der Miete des Schiffs mit dem Namen M/V Cap Anamur am 24. Juli 1979 ins Auswärtige Amt stapften, sollte ich mich bei dem ›zuständigen‹ Staatsminister im Büro des Kanzlers melden. Ich traf auf Minister Hermes, der mich mit einer überraschenden Frage beehrte und überraschte. Als ich ihm berichtete, was wir mit dem Schiff vorhatten, nämlich Bootsflüchtlinge im südchinesischen Meer zu retten, da fragte er mich: Ob ich schon den Zuständigen gesprochen hätte?

Diese Frage traf mich so überraschend, dass ich nicht wusste, wie ich ausweichen konnte. Wenn es einen gäbe, säße ich ja nicht hier, denn der hätte ja schon, wenn das Retten in seinen Zuständigkeitsbereich fallen würde, eiligst mit der Rettung und Bergung dieser armseligen Menschen begonnen. Also habe ich wahrscheinlich irgendetwas mit Nein gemurmelt. Jedenfalls hatte ich die Frage ganz schön dumm gefunden.

Aber der Staatsminister machte mir klar, dass es einen wichtigen Zuständigen gibt, an den sich meine Bundesregierung hält, nicht etwa an den Verein und die Bürgerinitiative »Ein Schiff für Vietnam«.

Also bin ich dann nach Genf zum für uns Zuständigen gegangen. Es gibt ja einen, den UNHCR, den United Nations Hight Comissioner in Genf. Im zweiten Gebäude, dritte Etage saß der Zuständige, und ich frage ihn naiv, was er denn schon tue.

Darauf belehrte er mich, dass diese Flüchtlinge ihm die Arbeit versauen, denn er könnte gar nicht für sie arbeiten. Diese Flüchtlinge seien im Grunde unanständig, denn sie gehen nicht wie ein anständiger Flüchtling über eine ordentliche Grenze, um sich bei diesem Übergang von den Agenten des UNHCR prüfen, checken, registrieren, befragen zu lassen. Wie soll ich, rief der Vertreter des Zuständigen aus, wie soll ich denn herausfinden, ob dieser Flüchtling ein richtiger oder falscher ist, wenn er diese Menschen nicht interviewen und keine Akte anlegen kann?

Damals wurde mir blitzartig und radikal klar: Wer auf dieser Welt, aus welchen Motiven auch immer, etwas für die Menschen, vielleicht sogar etwas Großes tun wolle, der darf sich nicht von Zuständigen abhalten lassen. Sonst kann er sein Unternehmen gleich drangeben.

Bis heute habe ich mit diesem Krebsübel der Menschheit in ordentlichen Zusammenhängen zu tun. Man kann sie auch Bürokratie nennen. Wenn sich das alles ordentlich einnistet und einfrisst in die Strukturen einer ordentlichen Gesellschaft, kommt man im Meer der Zuständigen um. Jedenfalls muss die humanitäre Aktion immer bereit sein, an den Zuständigen vorbeizugehen und schnurstracks das Ziel der Lebensrettung anzupacken. Und sich nicht bei der Zuständigkeit und den Reisewarnungen des Auswärtigen Amtes aufzuhalten.

Hätten wir uns als Cap Anamur wie als Grünhelme einmal darauf eingelassen, wären wir verratzt gewesen.

Etwas Ähnliches war es mit einer anderen Frage, die mir wenige Tage später, als ich in den Weltsaal des Auswärtigen Amtes gebeten wurde, passiert. Da saß nun die geballte Zuständigkeit samt Kompetenz zusammen, alle die ein Wort mitreden wollen, wenn ein solch wilder Bürger-Verein zur Tat schreitet. Innenministerium, ein Seereferat aus dem Bundesverkehrsministerium, einige Länderreferate des Auswärtigen Amts und viele andere. Jedenfalls kam ich, wie es damals und heute meine Gewohnheit ist, allein in der Sitzung an, vor dem Eingang des Weltsaals stellte mir jemand eine Frage, die ich mein Leben nicht vergessen werde. Er sagte:

»Herr Neudeck, sagen Sie mal, wer ist eigentlich Ihr Seerechtsreferent?«

Ich musste mir damals blitzartig eingestehen, dass ich das Wort noch nie gehört hatte, geschweige denn, dass ich wusste, was das nun wieder bedeuten sollte. Mir wurde aber klar, dass es für die Reputation des wilden Unternehmens nicht gut wäre, wenn ich zugestehen würde, dass ich nicht wusste, was ein Seerechtsexperte oder -anwalt sei. Also murmelte ich so etwas wie: »Wir sind da mit zwei Kandidaten im Gespräch!«

Die Folgen der Tatsache, dass wir keinen Seerechtsreferenten hatten und auch nicht im Traum und bis heute darangehen würden, so jemanden einzustellen, hat dazu geführt, dass wir 11 340 Menschen aus dem Südchinesischen Meer gerettet hatten.

Wenn wir jemanden gehabt hätten, dann wäre es dessen Aufgabe gewesen, uns gutachterlich alles zu dokumentieren, was diese Aufgabe, mit einem Schiff ins Südchinesische Meer zu gehen, untragbar bis unmöglich gemacht hätte. Denn die Gründe, die Finger besser davonzulassen, waren schon dem gesunden Menschenverstand wichtig und einsehbar. Aber jetzt kam noch die geballte Fachexpertise dazu. Die UNO-Seerechtskonvention war noch nicht verabschiedet, es gab noch keine Einigung über die Breite des Festlandsockels, es gab keine Bereitschaft in Südostasien, diese Menschen aufzunehmen, es gab keine Bereitschaft in Deutschland bei den Landesregierungen, diese Boat People zu akzeptieren. Es gab die Piraterie im Golf von Thailand und in der Meerenge von Malakka, und es gab die Vietnamesische Küstenwache. Alles gute Gründe, ein solches Unternehmen besser aufzuschieben oder ganz aufzugeben.

Hüten Sie, lieber Leser, sich vor Seerechtsreferenten, sie bringen Sie um jedes große, tolle, menschenrettende Unternehmen, zu dem Sie als freier Bürger unserer gemeinsamen Republik mit vielen anderen zusammen in der Lage sind. Wenn Sie etwas Großes in Ihrem Leben tun wollen – und wir wollen das alle als junge Menschen –, dann dürfen wir uns nicht von Seerechtsreferenten und anderen Referenten fesseln und festhalten lassen.

DAS UNBEHAGEN BEI DER FLUGHAFENKONTROLLE: FREIHEIT *VOR* SICHERHEIT!

ICH WUNDERE MICH IMMER, wie alle meine Landsleute sich das gefallen lassen, dass sie die Taschen leeren müssen, die Schuhe ausziehen, den Gürtel abschnallen, hocherhobenen Hauptes durch einen Durchlauferhitzer gehen müssen, argwöhnisch beobachtet von Personal, das sich eigentlich zu Höherem berufen fühlen sollte, denn das, was es da macht, verdient meinen Respekt nicht. Ich finde es schlicht falsch, auf dem Weg zur Kontrolle diesen Aufruf zu hören – mit dunkler, belegter, aber staatstragender Stimme vorgetragen:

SICHERHEITSHINWEIS
(Pause)
Lassen Sie ihr GEPÄCK nicht unbeaufsichtigt!

Und dann nach gehöriger Pause, um noch mal klar zu machen: »Lass Deinen Koffer nie aus dem Blick, deine Tasche auch nicht!«:

SECURITY ADVICE
PLEASE DO NOT
LEAVE YOUR BAGGAGE
UNATTENDED!

Da kommen Tausende von hochmögenden und fein ausstaffierten Menschen, eher Oberschicht als Mittelschicht, eher Mittelschicht als Prekariat. Aber seit ich weiß, dass auch Mitbürger mit Hartz IV in den Urlaub fahren, sind sie alle dabei. Jeder lässt sich freundlich, höflich darauf ein, obwohl es natürlich ganz unsinnig ist.

Ich halte es mit dem pakistanischen Autor Mohsin Hamid: »Man hätte ja als Reaktion auf den 11. September 2001 auch sagen können: Solche Dinge passieren nicht sehr oft, wir sind grundsätzlich sicher, aber auch die Öffentlichkeit in den USA oder in Europa muss ab und zu damit rechnen, dass etwas passiert. Ich glaube«, sagt der Autor des Romans, »Du wirst stinkreich im boomenden Asien«, »das wäre eine viel vernünftigere Antwort gewesen.« Stattdessen wetteifern alle Parteien darum, wer am besten für Sicherheit sorgt. »Deshalb wird der Sicherheitsapparat immer mächtiger, und dieser Apparat ist so entworfen, dass er ständig Gefahren sieht. Aber ihm gehen sehr schnell die äußeren Feinde aus, und dann beginnt er, Feinde im Inneren zu finden. In jeder E-Mail, Voice Mail Bank Transaktion oder in jedem Liebesbrief.«[3] Die moderne Technik erlaubte es den Staaten, wieder stark zu sein. An Pakistan könne man gut sehen, wie diese Spirale zum Polizeistaat führt. Pakistan habe eine riesige Armee, um seine Bevölkerung vor Indien zu schützen, einem viel größeren Land, das oft bedrohlich und feindselig wirkt. Aber nach und nach bedroht man in Pakistan die eigene Bevölkerung, kontrolliert und überwacht sie. Die einzige Möglichkeit, dieses System zu entwaffnen, sei es zu sagen: »Wir akzeptieren ein größeres Maß an Unsicherheit. Freiheit erfordert Mut. Und Mut heißt, mit dem Risiko des Schadens zu leben.«

Fassungslos höre ich an dem kleinen Bahnhof Troisdorf plötzlich auch diese mit dem Unterton des besorgten Detektives Nick Knatterton vorgebrachten »SICHERHEITSHINWEIS«, hier aber Gott sei Dank nur einmal, anders als am Flughafen:

SECURITY ADVICE
PLEASE DO NOT
LEAVE YOUR BAGGAGE
UNATTENDED!

Wie Nola das System am Flughafen erklären?
Wie soll ich der neben mir stehenden 7-jährigen Enkeltochter Nola erklären, dass ich meinen Rucksack unbedingt

beobachten muss, weil unter den Umstehenden bestimmt einer von diesen Dunkelmännern ist, denen man nur zutrauen kann, dass sie in einem unbewachten und unbeobachteten Moment (»unattended«) sich daranmachen, den Koffer, den Rucksack, die Schultasche einfach mitgehen zu lassen. Wie soll ich ihr klarmachen, dass man in dieser Welt bitte niemals sein Gepäck und seinen Schulranzen, sein Eis in der Hand und seine Zeitung in der Jackentasche und sein Portemonnaie und sein Handy in der Hosentasche »UNBEOBACHTET« lassen soll?

Dieses Dilemma lässt sich nicht auflösen, außer es kommt mal wieder eine Bewegung wie 1968. Natürlich brauchen wir einen Staat, aber dem Staat kommt das Sicherheitsproblem sehr gelegen, der internationalen Politik auch. Als der Weltfeind für den CIA, den Mossad, die Sureté in Frankreich, den BND in Deutschland weggefallen ist, was sollten dann diese Geheimdienste alle machen? Eigentlich hätte man sie sinnvollerweise nach Hause schicken sollen. Das haben wir aber nicht gemacht, wir haben diese Dienste alle beibehalten, ja sogar ausgebaut. Und die haben sich königlich gefreut, denn sie bekamen gleich frei Haus einen neuen Weltfeind geliefert. Den Islam, die Muslime weltweit.

Sinnigerweise brach man nicht mit Saudi Arabien die Beziehungen ab, aber mit Teheran. Zwar werden in Saudi Arabien weiterhin die größten terroristischen Bewegungen alimentiert. Doch man setzte auf ganz gepflegte und profitträchtige Beziehungen zu dem großen Erdölland. Und wir reihen uns hier jedes Mal, wenn es zum Flughafen geht, in die Reihe derer ein, die wie Schaf- oder Rinderherden in abgezirkelten Zäunen an den Apparat herangewunken werden, nur nicht zu schnell, das könnte verdächtig wirken.

Please don't leave your neighbour unattended.

Diese und die nächste Generation werden es kaum packen, 2048 werden wir eine neue weltweite Studenten- und Lehrlingsrevolte haben, weltweit.

Und danach wird der ganze Quatsch an den Flughäfen und anderswo vorbei sein.

Wetten dass …?

DIE POLITIK, DIE DEMOKRATIE
UND DIE *ZUVERLÄSSIGKEIT*

Ich bewundere jeden, der sich dem Gemeinwohl verpflichtet fühlt, und dafür Strapazen in Kauf nimmt, die man sich als normal sozialverpflichteter Arbeitnehmer niemals ohne Protest zumuten würde. Die Selbstverständlichkeit, mit der sich Angela Merkel dieser Dauerstrapaze hingegeben und nie darüber gesprochen hat, wie anstrengend und aufopfernd das alles ist, hat ihr den Sieg bei der Bundestagswahl eingebracht. Die anderen konnten reden und Programmatik verteilen, Kompetenz hubern und intelligent daherschwadronieren, das war alles nicht entscheidend.

Diese Frau hat eine Qualität behalten, die sie bis zum heutigen Tag immer wieder neu beweist: Bescheidenheit. Sie plustert und spielt sich nicht auf.

Ich habe zwei kleine Erfahrungen mit ihr gemacht, die mich für sie als Person und Politikerin eingenommen haben. Das eine Mal war das bei einer Veranstaltung, die wir geplant hatten, um die Arbeit in Afghanistan 2005 vorzustellen. Das war in der Oppenheim-Oberschule in Berlin-Charlottenburg. Es war ein Tag vor der Nominierung Merkels zur Kanzlerkandidatin. Der amtierende Bundeskanzler Gerhard Schröder hatte das Handtuch geworfen und vom Bundespräsidenten Neuwahlen ankündigen lassen.

Jeder sagte mir, natürlich wird sie da nicht hinkommen. Ich flog am Morgen nach Berlin und kam an der Schule an: Wer hatte nicht abgesagt? Angela Merkel. Es war fast eine kleine Unterstützung der Grünhelme, die mit der Unterstützung der damaligen CDU-Vorsitzenden Merkel Schulen in der westafghanischen Provinz Herat bauten. An dieser Schule sollte es noch mal um Afghanistan gehen, ich sollte unsere Arbeit vorstellen. Angela Merkel, schon damals als Bundesministerin und jetzige Chefin der CDU/CSU an oberster Stelle, wollte die Arbeit unterstützen, die wir da taten.

Als jemand fragte, warum wir denn so einen Quatsch mit dem Bau von Schulen in Afghanistan machen würden, wobei es immer noch Kreise in Deutschland gibt, die auch eine neue Schule gebrauchen können, da sagte sie, das sei auch eine Arbeit in unserem eigenen Interesse. Entweder wir unterstützen die Afghanen in ihrem Land, oder sie kommen verstärkt zu uns?!

Das könnten wir uns dann aussuchen.

Das zweite Mal war es 2003, als wir ein Vietnamesen-Fest im Troisdorfer Bürgerhaus machten. Wir hatten die CDU-Vorsitzende eingeladen und die amtierende Bundesministerin für Entwicklungshilfe Heidemarie Wieczorek-Zeul. Beide fanden an der Arbeit der Grünhelme so viel Gefallen, dass sie gemeinsam versprachen, bei ihren jeweiligen Bundestagsfraktionen den Gegenwert für eine neu zu bauende Schule in Afghanistan zusammenzubringen. Wir waren in großer Freude, das würde uns entlasten von dem Sammeln für diese beiden Schulen. Immerhin hatten wir einen attraktiven Wert für diese neue Schule in Afghanistan: 40 000 Euro. Die eine von den beiden Frauen vergaß das Versprechen. Es verschwand auf nimmer Wiederhören.

Die andere, Angela Merkel, setzte sofort jemanden aus ihrer Fraktion, Christian Ruck, ein, der sich um das Zustandekommen dieser Summe in seiner Fraktion kümmern sollte. Er brachte das Geld zusammen, und wir konnten später die Summe in Empfang nehmen. Mit diesem Geld wurde eine Schule finanziert, die weiter sichtbar in der Landschaft bei der Stadt Herat steht. Nun steht die »Konrad Adenauer-Schule« in Pahlewan Piri, einem Dorf, das etwa zehn Kilometer von der Hauptstadt der Provinz Herat entfernt ist. Das Büro der damaligen CDU-Vorsitzenden hatte leise angefragt, ob es möglich sei, die Schule nicht wie bei den Grünhelmen üblich in der Pampa zu bauen, sondern nahe an der Flughafen-Stadt Herat. Wir fanden diesen Ort. Die Politikerin musste sich gegen das gesamte Sicherheits-

Establishment der Bundesrepublik durchsetzen, das gebieterisch verlangt: Kein »Funktionsträger« darf in ein Gebiet außerhalb des Mandatsgebietes der Bundeswehr. Sie wollten dorthin kommen, der Termin stand fest, der 26. August 2005 – aber kurz vorher entschied der damalige Bundeskanzler Gerhard Schröder Neuwahlen. Da musste uns Merkel sagen, jetzt könne sie ihr Versprechen nicht halten, aber – aufgeschoben sei nicht aufgehoben. Die Grünhelme warten immer noch auf den Besuch der nunmehr Bundeskanzlerin Angela Merkel in Pahlewan Piri, außerhalb des Mandatsgebietes der Bundeswehr, die aber 2014 sowieso aus Afghanistan abgezogen sein wird.

Herbert Schnoor war ein anderer, auf den man sich immer verlassen konnte. Nein, nicht dass er ein krummes Ding hätte drehen können. Er war meist wütend auf Leute, die auf Grund ihrer Kirchenfarbe oder ihres klerikalen Ranges meinten, der Landesinnenminister von Nordrhein-Westfalen könne einfach so mal die Gesetze brechen. Nein, das wusste man bei diesem Herbert Schnoor immer ganz genau. Er hat sich an das Gesetz zu halten, woran sonst? Und an sein Gewissen.

Und das Gewissen war bei ihm sehr ausgeprägt. Ich hatte zwei Erfahrungen, die ich nie vergessen kann. Es gab einen ghanaischen Asylbewerber, von dessen Berechtigung seines Hierseins in Deutschland wir uns total überzeugt hatten. Der war aber in Gefahr und wurde an einem Tag abgeschoben. Ich erfuhr eines frühen Morgens, dass er in

Handschellen nach Düsseldorf gebracht und dann in ein Flugzeug gesetzt worden war. Wir erfuhren auch, dass er für einen Flug nach Afrika in Zürich umsteigen musste. Ich ahnte einen Rechtsbruch und rief den Innenminister an, der sich gerade im Urlaub an der Nord- oder Ostsee befand. Schnoor wurde von seinem persönlichen Referenten alarmiert, rief von seinem Urlaubsdomizil den Flughafen Zürich an und sorgte dafür, dass dieser Asylbewerber wieder zurückkam. Man hatte den einfach loswerden wollen.

Das andere Mal war es in den elend langen Jahren des Bosnien-Krieges (1992–1996), als uns das Elend der bosnischen Muslime bis zum Hals stand und wir nicht mehr weiterwussten. Da rief mich eines Tages Dr. Herbert Schnoor, Minister des Landes NRW, an und sagte, jetzt hätte er meine Anfrage erst richtig kapiert. Es gibt zwei Möglichkeiten: Entweder schützen wir die Hunderttausenden dort in Bosnien, oder wir nehmen sie hier auf. Da wir sie dort nicht schützen können, müssen wir sie aufnehmen.

Da ich wegen meiner inneren Begeisterung wohl stumm wurde, sagte Schnoor: »Oder haben Sie jetzt Ihre Meinung geändert?« Wir waren damals mit allem, was auch nur möglich war, nach Bosnien gegangen, um den Menschen zwischen diesen unglaublich brutalen Fronten zu helfen. Wir brachten alte ausrangierte Reichsbahn-Waggons (aus der ehemaligen DDR) auf den klassischen Wegen des Schienenverkehrs nach Bosnien und richteten Waggonlager ein, wir betrieben medizinische Stützpunkte und bauten Feld-

küchen auf. Aber es war ein Wettlauf mit der lebensver-
nichtenden Energie von Völkermördern vom Schlage eines
Radovan Karadzic und Ratko Mladic. Deshalb war es ein
von Herbert Schnoor und dem damaligen Bundesinnenminister Schäuble angestoßener Schritt, 350 000 Bosnier
allesamt nach Deutschland zu holen. Zwar auf Zeit, aber
die Aktion lief mit großer Unterstützung meiner deutschen
Mitbürger, die gar nicht so hartherzig sind, wenn man sie
mal wirklich machen lässt. Das verbindet sich bei mir mit
einem zuverlässigen Politiker: Dr. Herbert Schnoor.

Es gab andere, ich habe die beiden nur stellvertretend
erwähnt. Besonders darf ich sagen, wie stark wir uns auf
Dr. Norbert Blüm in jeder Phase unserer Arbeit verlassen
durften. Das war eine beispielgebende Haltung, die Blüm
immer uneigennützig durchzog. Er hatte noch den Charme
und das Charisma, dass er sich auf jedem Platz der Erde in
einem Schlafsack auf den Fußboden legen konnte, nichts
war ihm zu schnöde, fremd, unbequem, oder nicht standesgemäß. Ich glaube, er wusste gar nicht, was das ist:
»standesgemäß«.

Ruprecht Polenz war ein ähnlicher Fall, durch ihn haben
wir auf dem Berg des Palästinensers Daoud Nassar in der
Westbank eine Solaranlage vor der Zerstörung durch das
israelische Besatzungsmilitär bewahrt. Nur Polenz ist das
zu verdanken, der durch seine immerwährende beredte
und überzeugende Tätigkeit und mit Hilfe seines Man-
dats so viele Menschen gerettet hat. Eine große Hilfe wa-

ren Ulrich Kasparick in seiner Zeit im Bundestag und als Staatsminister im Verkehrsministerium, Wolfgang Thierse, der immer für uns ansprechbar blieb, auch Arnold Vaatz, Bundestagsabgeordneter aus Dresden.

DIE ZUKUNFT VON UNS CHRISTEN –
KÖNNEN WIR SO WEITERLEBEN?

Wie kommen junge Menschen in Deutschland auf die Idee, sich bei einer radikalen salafistischen Gruppe einfach einzuschreiben und dann in den sogenannten Heiligen Krieg nach Syrien zu gehen? Das war wohl auch schon die Gefahr in den jahrzehntelangen Kriegen in Afghanistan. Aber jetzt ist die Gefahr viel größer, schlicht deshalb, weil Syrien nicht nur geografisch näher liegt, sondern auch weil die Türkei als benachbartes deutsches Urlaubs- und Rückzugsland dazwischen liegt.

Es sind junge deutsche Muslime, die von ihren Eltern den Islam vererbt bekommen haben, aber auch junge Christen, die sich plötzlich aufgerufen fühlen, etwas Radikales zu machen. In einer Welt, die nur noch von den Profitratensteigerungen und den Dax Indices beherrscht werden, kann ein radikaler Aufruf, der sogar das eigene Leben verachtet und es in die Schanze schlagen will, ganz schnell verfangen. Selbst ein guter Unterricht in der Schule oder vorbildliche Eltern können nichts dagegen machen: Lamya Kaddor, die junge Lehrerin in Dinslaken, Autorin eines Korans für Kinder, die sogar den Bund liberaler Muslime mitbegründet hat als Herausforderung zu den etabliert-behäbigen Verbänden, hat im Mai 2013 erfahren, dass fünf ihrer ehemaligen Schüler aus Dinslaken verschwunden sind, auf dem Weg in den selbstgewählten syrischen Dschihad. All ihre Reden, dass der Islam gewaltlos sein sollte, hatten nicht geholfen. Andere Kräfte, so musste sie zugeben, waren stärker gewesen als sie. In diesem Fall ging es glücklich aus, denn die fünf Jungs waren bald wieder zuhause, ohne den syrischen Bürgerkrieg auch nur von weitem gesehen zu haben. Eine andere Mutter, eine mit einem Deutschen verheiratete Marokkanerin, hat mir erzählt, dass ihr eigener Sohn seit Monaten in Syrien verschwunden sei, wahrscheinlich mit der deutschen Organisation Helfen in Not e.V. (www.helfen-in-not.info) in Neuss.

Es liegt auch an uns, dass diese hoffnungsvollen jungen Menschen den dschihadistischen Rattenfängern auf den Leim gehen. Seit Langem kann man sehen, dass junge Menschen während der Schule, der Lehrzeit, der Universität, des Studiums dieses Verlangen haben, sich einmal im Leben richtig zu engagieren, vielleicht in einem bestimmten nicht-militärischen Sinne zu kämpfen, möglichst für eine gute Sache, vielleicht sogar für eine göttliche, heilige Sache. Aber dann finden sie nichts. Sie haben innere Kraft, sie haben eine innere Energie oder Entelechie, und wollen etwas Großes werden und machen. Das ist ein ganz legitimes Bedürfnis junger Leute, für das es aber in der durchbürokratisierten Vollkasko-Gesellschaft keine Anknüpfungspunkte gibt. Nichts. Es gibt hier nur noch den Tourismus, die Reisewarnungen des Auswärtigen Amtes, die Schnäppchenjäger, die ich in den vielen Kabinen des Flughafens von Köln-Bonn immer fassungslos erlebe. Das kann junge Menschen, wenn sie es denn noch sind und nicht nur Vorzeigetrophäen von Familien, die sich ängstlich auf das eine und nur nicht auf das zweite Kind einlassen, nicht beruhigen.

Dann kommen solche Dschihadisten und erklären ihnen die Welt nach einem ganz einfachen, total radikalen und einfachen Strickmuster. Du kannst auf dieser Welt zum Helden werden, nein nicht bei einer Castingshow, nicht bei Dieter Bohlen oder Thomas Gottschalk – das geht natürlich auch, hält aber als Lebensziel nicht durch. Nein, du kannst es auch abseits der trügerischen Mattscheibe im Fernsehen tun, du kannst dein Leben hingeben für eine viel größere Sache, nämlich für das ewige Paradies.

So hat es mir eine Mutter erzählt, die mir berichtet hatte, dass sie ihren Sohn an eine Gruppe von Salafisten verloren hat, die nach Syrien gegangen ist. In einem Video der Organisation haben zwei deutsche Mitglieder posierend vor der zerstörten großen Moschee in Azaz, der ersten von der Freien Syrischen Armee (FSA) befreiten Stadt, in einem Video, das auf YouTube am 22. Mai 2013 hochgeladen wurde, erklärt: »Wenn du ein Mann bist, dann komm hierher«, aber du musst es tun, als jemand, der sich mit Haut und Haaren für diese Religion, die Hingebung, den Islam aufopfert, den Bart wachsen lässt und keinen Alkohol mehr schlürft.

Es schwebt mir immer noch vor, ein Härte-Projekt zu lancieren, für alle jungen Mitbürger, die nicht wissen, wohin sie mit ihrem Engagement hin sollen. Die Eisenbahn im Süd-Sudan, oder die Brücke über den Kongo bei Kisangani.

Schauen wir uns die Eisenbahn im Süd-Sudan an: Das wäre ein Projekt, das für die Menschen dort von unglaublicher Wichtigkeit und Dringlichkeit wäre, um eine Verkehrsinfrastruktur aufzubauen.

Da würden wir einige Arbeitsbrigaden hinschicken, die sich nicht rückversichern lassen, wer sechs Monate durchhält bei dieser Arbeit, bei der man am Abend die einheimische Sprache lernen kann, genug zu essen bekommt, aber nichts Besonderes an Luxus, nicht so wie die Bundeswehr, sondern in billigen, aber sauberen Quartieren lebt. Hält man sechs Monate durch, bekommt man nicht nur ein Zeugnis, sondern eine Härte-Auszeichnung, die besser und viel mehr wert sein wird als die Ableistung einer Woche im RTL-Dschungelcamp. Man wird nicht dauernd betüttelt, aber es wird ein Krankenpfleger dabei sein. Es wird nicht abgebrochen. Es wird durchgehalten.

Und wenn man zwölf Monate aus eigener Kraft durchhält, bekommt man die Auszeichnung in Gold, man bekommt jeden Monat eine kleine Summe (300 Euro) auf das Konto gelegt, im Arbeitscamp gibt es 50 Euro Taschengeld in der Landeswährung, und man arbeitet unter Anleitung von deutschen Eisenbahningenieuren, die sich nach chinesischer Methode in dem Camp ebenfalls aufhalten (keine Luxus-Häuser, keine Swimmingpools, keine Golfplätze – worauf sonst ein deutscher Dipl.-Ing. oder Bundeswehrgrenadier Anspruch hat). Malaria-Prophylaxe ist Pflicht, weil sonst zu viele gleich zurückkommen müssen, es gibt nur das mönchische Leben in den sechs oder zwölf Monaten, weil sonst alles durch spätere Aids-Verseuchung gefährdet ist.

Nur mit einem solchen enthusiastischen Verein, der nicht mit Staatsgeldern arbeiten darf, weil sonst der ganze Rattenschwanz der verzärtelnden und verweichlichenden Sozialstaatsversorgung und Sozialverträglichkeit in den Korb gelegt wird, kann man junge Leute von der Verpflichtung abhalten, in den heiligen Krieg nach Syrien, Afghanistan, oder Mali zu gehen.

Es gab schon einen deutschen Eisenbahnbauer und Experten, der sich mal für die Möglichkeit einer Eisenbahnstrecke im Süd-Sudan interessiert hat. Thormählen hieß der, er kam aus Kiel oder der Nähe von Kiel. Er hatte schon Kontakte zu einem Häuptlingssohn im Süd-Sudan (mit dem Namen Costello Ring), noch vor dem Referendum, aber es war schon klar, dass der neue Staat entstehen würde, und er entstand dann auch tatsächlich. Es war ein Staat, dem alles fehlte, um in der modernen globalisierten Weltwirtschaft zu überleben. Es gab nicht einmal Straßen, nicht einmal eine Eisenbahn, aber es gab eine Hauptstadt und in der Regierung eine Protokollabteilung für den etwaigen Staatsbesuch eines Ministers aus Europa wie Dirk Niebel. Sonst hatte dieser Staat schlicht nichts.

Er hatte eine große Fülle von Organisationen, die lebten aber in der neuen megapolitischen Hauptstadt Juba in herrlichen neuen Wohn- und Bürokomplexen und ließen es sich gut gehen. Immer wieder flogen sie nach Nairobi in den Urlaub.

Der Papst verkauft den Vatikan!

Ich musste sehr lachen, als ich das las: Papst Franziskus hatte sich am 4. Oktober 2013 aufgemacht, zu dem Gebet mit den Führern aller Religionen in Assisi zusammenzukommen. Zuvor hatte er noch, ohne einen Sonderplatz einzunehmen, gemeinsam mit den anderen im Refektorium gegessen. Er betete dann für die Überlebenden der Schiffskatastrophe in Lampedusa. In der Zeitung Le Monde stand an diesem Tage, in Rom würde die Nachricht herumgehen, der Papst würde den Vatikan verkaufen, um dem Ziel der armen Kirche näherzukommen. Einige wären dabei besorgt um ihre Pfründe, darunter Prälaten in Violett und mit dicken Bäuchen.

An unserem deutschen Nationalfeiertag ist es passiert, am 3. Oktober. Vor der Kanincheninsel, noch vor der Küste der kleinen italienischen Insel Lampedusa, die am weitesten nach Afrika ins Mittelmeer vorstößt, hat sich um vier Uhr morgens etwas Entsetzliches ereignet. Ein Seelenverkäufer war dort mit etwa 500 Flüchtlingen von der lybischen Küste Richtung Lampedusa unterwegs gewesen, als das Benzin zu Ende war und die Barkasse nur noch dümpelte. Die Menschen wollten in diesem total überfüllten Boot auf sich aufmerksam machen. Von den 500 sind nur 155 gerettet worden, die anderen sind elendiglich ertrunken. Die Menschen wollten ein Hilfesignal von sich geben. Rufen, Schreien, Brüllen genügte nicht, sie hatten auch keine Kraft mehr. Sie zündeten etwas an, nach Aussagen eines überlebenden Flüchtlings ein Hemd, daraufhin fing das kleine Boot wohl Feuer und fing an zu brennen und sank. Man kann sich die Panik der im kleinen Schiffsbauch Eingeklemmten gut vorstellen.

Was wirklich noch geschah, wird vielleicht noch herauskommen, denn es wurde der mutmaßliche Kapitän verhaftet, ein 35-jähriger Tunesier. Der war am 11. April schon auf Lampedusa gelandet, dann aber wieder in seine Heimat abgeschoben worden.

Eine Woche vorher landete ein Schiff – wenn man so will ordentlich – mit 463 Flüchtlingen, die meisten kamen aus Syrien, sie hatten ganz offenbar das seetüchtigere Schiff ausgeguckt und bezahlen können. Ein Eritreer, der gerettet wurde, sagte dem Korrespondenten der Pariser Zeitung »Le Monde«, dass er allein für die Schiffspassage 1600 US-Dollar gezahlt habe. Das zeigt, mit welchen Geldsummen das Geschäft der Schleuser und Schlepper mittlerweile betrieben wird.

Gefordert wurde nun vom italienischen Innenminister Alfano, dass man das Dublin-Abkommen der EU ändere oder abschaffe, denn das lässt die Hauptbelastung bei den Staaten, die mit ihrer südlichen Küste ins Mittelmeer hineinragen. Besonders aber Italien, das schon mit dem Stiefel und Sizilien weit bis an den Maghreb anstoße und mit der Insel Lampedusa noch einen besonders attraktiven Anlandehafen besitzt. Malta ist ebenfalls *a bout de souffle*, wie die Franzosen sagen, außer Atem, und kann über die 12 000 Menschen, die schon auf der Insel aufgenommen wurden, niemanden mehr aufnehmen. Lampedusa ist eine kleine Tourismus-Insel mit etwa 500 Einwohnern. Sie treiben dort Handel. Jetzt sind 1500 Flüchtlinge an Land, und es gibt dort Schlafplätze für nur 250 Menschen. *Leben* können die Flüchtlinge dort nicht.

Also schreit alles nach einer Lösung per EU-Quote. Man braucht ein Auswahlverfahren, um die Ankömmlinge unter den europäischen Ländern zu verteilen.

Was wir immer wieder gesagt haben, wie andere, die die Lage auch an der Küste Westafrikas kennen: Der große Strom kommt, und dann haben wir mal gerade die Polizei für die Außengrenzen der Europäischen Union, die Frontex, die mittlerweile ihr Hauptquartier in Warschau hat.

Im »Spiegel« wird der Präsident des Europa-Parlaments Martin Schulz zitiert, der sagt, dass sich hinter dieser Tragödie von Lampedusa »organisierte Kriminalität und die Konflikte unserer Nachbarn verbergen. Wir sind verpflichtet, uns noch stärker darum zu bemühen, diesen Verbrechern das Handwerk zu legen, die – in und außerhalb der EU – aus Missständen und Not Profit schlagen«.

Das klingt gut, ist aber ganz falsch. Das Problem sind doch nicht die Schlepper, an wen sollen diese Menschen sich denn halten, wenn nicht in der Nacht in den Hafen zu gehen und für eine Passage das Geld hinzulegen und einen Platz in einer Pirogge oder einem Boot zu bekommen? Es wäre doch absurd zu sagen, die Schlepper, die das kommerziell organisieren, seien die Schuldigen.

Der bekannte Asyl-Rechtsanwalt in Frankfurt, Dr. Reinhard Marx, sagt, das Dublin-System sei eine Arbeitsbeschaffungsmaßnahme für Menschenhändler. Erst im Juni 2013 hatte die Europäische Union das umstrittene Dublin-Abkommen von 2003 ratifiziert und verlängert. Jeder Flüchtling, der es schafft, Europa zu erreichen, darf nur in dem Land um Asyl bitten, das er als Erstes betritt. Wenn er also auf den kanarischen Inseln landet, ist das Spanien, wenn er den Zaun bei Nacht und Nebel übersteigen kann und in Melilla oder Ceuta landet, ist das ebenfalls Spanien. Wenn er nach Lampedusa kommt, ist das eben Italien.

Aber jetzt haben wir ja einen Papst, der ganz anders ist als alle vorhergehenden, die wir erlebt haben. Dieser Papst hat uns aufgefordert, etwas zu tun. Er hat auch gleich gesagt, dass Klostergemeinschaften ihre freien Teile des Klosters und des Gartenhäuschens für diese Menschen bereit und offen halten sollten. Man stelle sich vor, was los wäre,

wenn alle Kirchen für diese Menschen geöffnet wären. Das
aber hat der Papst selbst gesagt.

Die Kirchen und die christlichen Gemeinden müssen
anfangen, die Diakonie wieder hochzuhalten. Allein Beten
reicht nicht. Allein der weihnachtliche Gottesdienst auch
nicht. Es reicht nicht, mit voller Inbrunst am Sonntag zu
schmettern »GROSSER GOTT, WIR LOBEN DICH«, und
dann zu meinen, man habe den Willen des Vaters im Himmel erfüllt.

Das ist falsch. Man erfüllt diesen Willen nur, indem man
realistisch und praktisch diese Arbeit in den Kirchen ver-
teilt.

Man stelle sich mal diese unglaubliche Kirchen-Revolu-
tion vor. Die Kirchen in Deutschlands Dörfern und Städten
sind ja in der Woche alle geschlossen. Man kommt in keine
mehr hinein, weil sie abgeschlossen sind. Wir wollten mal
das eine Enkelkind in unserer Pfarrkirche taufen lassen, in
St. Mariä Himmelfahrt im rheinländischen Spich. Dafür
hatten wir uns einen alten Freund gewünscht, der die Taufe
vornehmen wollte. Das war Gotthard Fuchs, ein Theologe,
den wir in Münster in den 70er-Jahren kennengelernt hatten. Der sollte an einem frühen Sonntagnachmittag kommen und wollte dann in der römisch-katholischen Kirche
von Spich die Taufe vornehmen.

Sie werden es nicht für möglich halten, aber das ging
nicht. Gleichsam aus gewerkschaftlichen Gründen kann
man nicht einfach für irgendwen die Kirche am Sonntag-

nachmittag aufmachen. Wo kämen wir dann hin – so sagte es jemand im Pfarrbüro, von dem ich nicht mal weiß, wofür er da ist –, wenn wir Ausnahmen machen würden?

Ich war bei der schändlichen Beratung im Pfarrbüro nicht dabei. Aber Fakt ist: Die kleine Nola, mittlerweile sieben Jahre, ist noch immer nicht getauft. Warum? Weil der Pfarrbüro-Zuständige nicht erlauben wollte, dass eine Taufe außerhalb der Reihe der drei noch stattfindenden Gottesdienste abgehalten wird, am Mittwoch, am Freitag um 18 Uhr und am Sonntag um 11 Uhr. Dafür wird die Katholische Kirche aufgemacht, ansonsten dämmert sie abgeschlossen dahin.

Wir stehen vor einer Revolution, die großen Kirchen werden wir entweder für den Denkmalschutz oder für den Tourismus oder für den Stadt-Urbanismus oder die Ästhetik des Bildes von Dörfern brauchen. Die kleinen Herden, zu denen die Gemeinden geschrumpft sind, werden künftig den Gottesdienst auch woanders einrichten. Er wird in Wohnhäusern stattfinden mit Diakonen, auch verheirateten Diakonen, mit Priestern, die auch verheiratet sind, und solchen, die das nicht sind. Wir werden den Gottesdienst immer so abschließen, dass die Gemeinde – zumal, wenn der Gottesdienst noch an einem Sonntag stattfindet, immer hinterher etwas Zusätzliches, das konkrete Nonplusultra tut, um eine Suppenküche für Asylbewerber oder einen Unterricht für Kinder aus einem Obdachlosengebiet anbieten. Oder mit Behinderten auf den Drachenfels in Kö-

nigswinter gehen oder die nächste Aktion mit einem LKW
nach Lampedusa oder Malta machen.

Vielleicht brauchen wir demnächst keine Kirchen als
Gebäude mehr, weil wir, die Kerngemeinde, sich irgendwo
anders trifft und dabei den Gottesdienst in einem Wohn-
raum oder einer Schulklasse macht. Wichtig ist, was der
Papst vor seiner Wahl im Konklave noch gelesen hat. Es
wird berichtet, dass Jorge Mario Bergoglio beim Konklave
in einem Buch über das Revolutionäre der christlichen Liebe las. Sie sprenge das menschliche Maß, weil sie sich an
der Liebe Jesu ausrichte. Sie sei ein Korrektiv: »Allein die
Liebe ist das Unterscheidungsmerkmal des wahren Christen«, so stand es in dem Buch, und der Autor war einer
aus der Kirchenkurie, ehemaliger Bischof von Rottenburg,
Walter Kaspar. Das Buch war betitelt: »Barmherzigkeit«.
Während des Konklaves, so berichtete Evelyn Finger in der
ZEIT (3.10.2013) hatte Kardinal Kaspar ein Zimmer neben
dem von Bergoglio.

Nach der Wahl kam dann diese wunderbare Stunde,
die wir alle im Fernsehen mitbekommen haben: Der Papst
sagte erst mal »Buona sera«, das war schon sensationell,
nicht irgendeinen weichlich-frömmlerischen Satz sondern
»Guten Abend«.

Dann kniete er als Erstes nieder vor den unten auf dem
Petersplatz anwesenden Massen an Gläubigen und bat
sie um ihr Gebet für ihn, damit er diese Bürde annehmen
kann. »Dass alle Frömmigkeit nichts nütze ohne Barmherzigkeit«, sagte er noch, nur wer barmherzig sei, sei auf dem

Weg der Liebe. Dieser Weg ist nicht sentimental oder ro-
mantisch. Nein, er fordert uns ganz konkret, er tritt uns in
den Bauch.

Der Papst nimmt wirklich Maß an dem heiligen Franziskus, als dieser nämlich wegen seiner Übertreibungen
und mangelnden Ordnung vor Gericht stand. Da – so hat
jemand das gesagt – hätte er vor dem Richter gestanden
wie die Band Pussy Riot in Moskau. Der wilde Franziskus
von Assisi riss sich die Kleider vom Leib. Der erschrockene
Bischof wollte gleich kommen, um die Blöße des Kirchen-
rebellen zu verdecken. Der gab seinem Triumph Ausdruck:
Jetzt könne er sich nackt auf den Weg des Herrn machen.

Dieser Papst ist wirklich eine Wucht. Mit ihm und zusammen, mit ihm werden wir Christen. Gemeinsam mit
Muslimen und Juden und allen Menschen guten Willens,
werden wir uns noch ganz neue Aufgaben schaffen. Gott
sei immer in der Gegenwart.

Ja, dieser Papst spricht schärfer, klarer: Der konkrete
Gott ist HEUTE. »Daher hilft das Jammern nie, nie, um Gott
zu finden. Die Klage darüber, wie barbarisch die Welt heute
sei, will manchmal nur verstecken, dass man in der Kirche
den Wunsch nach Verteidigung hat.«

NEIN, sagt der Papst uns ganz deutlich, nicht in der Vergangenheit, in einer rein bewahrenden Ordnung, nicht in
einer Verteidigung. »Gott begegnet man im HEUTE.«

Wir müssen nicht politisch-strategische Positionen besetzen. Wir »müssen eher Prozesse in Gang bringen als

Räume besetzen«.[4] Die Begegnung mit Gott in allen Dingen ist dann einfach und klar. Aber sie gelingt nicht mit empirischen Methoden, nicht, indem man empirisch ihn, Gott, beweist. Die Begegnung mit Gott geschieht in dem armen Schlucker, dem ich ein Nachtquartier in einer die ganze Woche leerstehenden Kirche mache. Oder in dem großen schönen Bischofspalast in Limburg.

WUT-BRIEF AN
DIETER HILDEBRANDT

MANCHMAL FINDE ICH IN DEM, was ich erlebt habe, etwas so Radikales, wie ich es mir heute kaum noch vorstellen kann. Es gab den Bosnien-Krieg, und der war in bestimmter Weise einer Politik verpflichtet, die darin besteht, das vorherrschende Elend bestehen zu lassen, ohne die Verhältnisse nachhaltig zu verbessern.

Man schickte Soldaten, UN-Blauhelme, nach Sarajevo und Bosnien, die eigentlich nur witzige Geschichten nachprüfen sollten.

Als ich mich am 3. Januar 1993 nach Sarajevo aufmachte, ahnte ich noch nichts von den Belastungen, denen ich mich später unterwerfen musste.

Aber in diesem Hexenkessel, in dem die moderne Welt in ihrer Bequemlichkeit, Feigheit und erbarmungslosen

Banalität der Bürokratie zu ihrem äußerst unangenehmen Ausdruck kam, fasste ich mir ein Herz und schrieb mir – fast schon auf lyrische Weise – die Last von der Seele, weil ich dachte, dass in diesem völlig undurchsichtigen Getümmel ein Brief an einen intelligenten Kabarettisten und Satiriker ganz besonders eindrucksvoll ist. Wie durch ein Wunder kommt er mir noch mal zu Gesicht, wahrscheinlich habe ich ihn nicht abschicken können, es gab noch nicht die Kriege, in denen man Handy-Interviews machen konnte, es gab noch keine Schützengräben, in denen man mit mobilem Internet in aller Seelenruhe eine E-Mail nach Deutschland schicken konnte. Man war darauf angewiesen, etwas aufzuschreiben, in der Hoffnung, dass man sich daran erinnern würde, wenn man aufatmend wieder in die Stratosphäre der Bundesrepublik Deutschland eindrang.

Ich schickte diesen Brief an Dieter Hildebrandt erst zwanzig Jahre später ab und konnte nicht ahnen, dass er im Oktober 2013 gerade im Krankenhaus rechts der Isar operiert wurde. Er sandte mir noch einen wunderbaren, bestätigenden, handgeschrieben Brief, weil ihn dieser Text auch so fasziniert hatte. Am 20. November 2013 ist unser Dieter Hildebrandt in München an den Metastasen einer Krebserkrankung gestorben. Ich saß an diesem Tag selbst wegen vergleichsweise harmloser Beschwerden im Krankenhaus und schrieb mit Tränen in den Augen einen kleinen Nachruf, den ich hier noch mal einfügen möchte:

Dieter Hildebrandt ist tot

Für alle von uns, die seine wunderbare Spiel- und Kabarett-Laune noch am 22. April 2013 in München bei einer Benefizveranstaltung anlässlich des zehnjährigen Bestehens der Grünhelme erleben durften, eine unfassbare Nachricht. Vielleicht war es die schönste Veranstaltung, die wir Grünhelme in zehn Jahren je gehabt haben, jedenfalls die unkonventionellste. Hildebrandt war jung wie zu »Scheibenwischer«-Zeiten, als wir ihm noch aus unserer Arbeit im südschinesischen Meer ein paar Bälle zuwerfen konnten.

Aber der Mann war ein Mensch, nehmt alles nur in allem, jemand, dem man mit den ausgefallensten Ideen kommen konnte.

So hatte ich ihm am 22.5.2012 zu seinem 85. Geburtstag geschrieben und noch erwähnt, wie toll das wäre, noch mal eine Veranstaltung mit ihm zu machen – mit Scherz, Satire, Spenden und tieferer Bedeutung. Und wie so oft: Darauf kam eine Bemerkung in einem Brief, verschickt mit der von ihm geliebten alten Dampfpost. Das wäre eigentlich eine tolle Sache. Dann vergingen ein paar Monate, und im Dezember 2012 rief Hildebrandt an – auf seine herrlich kurzweilige Art – und sagte, wir sollten uns den 22. April 2013 freihalten. Und als ich wissen wollte, stotternd, wozu bitte? Sagte er: »Zirkus Krone in München«. Und da habe ich immer noch nicht geschaltet, aber da seien der Georg Schramm, der Erwin Pelzig, Roger Willemsen und Konstantin We cker, die würden da gemeinsam etwas auf die Beine stellen: Für die Grünhelme und den afghanischen Frauenverein der wunderbaren Nadia Karim.

Und sie taten es. Wir trafen bei der Gelegenheit einige Deutsch-Syrer in München, machten eine Pressekonferenz in einer Münchener Anwaltskanzlei und erlebten eine rauschhafte Veranstaltung, die wir alle nicht vergessen werden: *Hilaritas cum serenitate*, wie die alten Lateiner sagten, die sich auch vor ihm verneigen: »Schabernack und auch tiefere Bedeutung«.

Er war nicht allem modernen Schnickschnack verfallen. Er lehnte die Ersetzung des Briefträgers durch den Computer ab. Das war nicht nur sein gutes Recht, sondern das lasst uns zurück mit einigen wunderbaren handgeschriebenen Briefen.

Es wird uns schwerfallen, Dieter Hildebrand nicht mehr lebendig, fröhlich und aufmunternd zu erleben. Er hatte unsere Herzen und unseren Verstand über die letzten 50 Jahre erobert. Wir danken ihm dafür, er bleibt uns unvergessen.

Hier jetzt der Text aus dem Jahre 1993 aus dem von serbischen Geschützen und Raketenwerfern eingeschlossenen Sarajevo. Wir haben damals in Sarajevo, der belagerten Stadt, gearbeitet. Man konnte mit US-Flugzeugen von der Rhein-Main-Air-Base nach Sarajevo direkt einfliegen. Statt eines Tickets musste man eine Splitterschutzweste vorweisen. In dieser Stadt stand alles Menschliche, auch die Logik, Kopf. Die Bewohner einer großen europäischen

Metropole wurden bei Tag und Nacht von den serbischen
Geschützen auf den Bergen um Sarajevo herum beschos-
sen, es gab reihenweise Tote. Ermordete, es gab Scharf-
schützen. Man konnte in einer Schlange vor einem Brotla-
den stehen, und es konnte einen erwischen: Einmal waren
es 65 Ermordete. Und das Tolldreiste: Es gab eine mächtige
oder ohnmächtige Uno-Truppe mit der Abkürzung UN-
PROFOR, die aber nicht dafür zu sorgen hatte, dass der
tägliche Beschuss aufhörte, die nur am nächsten Morgen
in einer internationalen Pressekonferenz die Zahl der Ein-
schüsse, der Herkünfte aus dem Einschusswinkel berech-
net bekannt gab. Selten habe ich eine Truppe so sinnlos
die Zeit stehlen sehen wie bei dieser UNPROFOR. Deshalb
meine Wut, die in diesem Brief an Hildebrandt ja deutlich
wird, der Krieg dauerte bis 1996, bis die Kriegsparteien ins
US-amerikanische Dayton gezwungen wurden und auch
genötigt wurden, endlich einen Waffenstillstand zu unter-
zeichnen.

Lieber Dieter Hildebrandt,

ja, natürlich, Sie brauchen keinen Ghostwriter!
Dazu sind Sie viel zu gut.
(Sagt auch Christel Neudeck)
Viel zu gut,
und ich meine das ganz ehrlich!
Ja, ich kann auch ehrlich sein.
(Fragen Sie Christel Neudeck)

Ich offeriere Ihnen aber doch meine Dienste
als Ghostwriter,
weil: Sie dürfen hier nicht rein!
Sie kriegen die blaue Karte (des UNHCR) – nie!
Sie nicht.
Tony ist hier der UN-eingeschränkte Boss.
Tony sagt: Wer hier reindarf,
und wer draußen bleibt,
draußen vor der Tür ...
SIE brauchen wir hier gar nicht oder schon gar nicht,
Herrn Hildebrandt.
Ihr Bildschirm bleibt dunkel.
Mattscheibenwischer!
Kabarett haben wir hier genug.
Jeden Morgen neun Uhr dreißig:
UN-Pressekonferenz.
CNN, CBS, VOX, NTV, BBC
ARD und ZDF sitzen in der ersten Reihe ...
Kabarett haben wir hier genug,
SIE brauchen wir hier nicht, weil:
Die hier sind unbestritten besser:

HAUBITZENgranateneinschlagsstatistik,

KONVOIBLOCKADEaufhebungsstatistik.

ENERGIEVERSORGUNGsdesasteranalyse.
Können SIE da mithalten Herr Hildebrandt?

Wenn die Intendanten in den deutschen Sendeanstalten
nicht so humorlos die Nachrichten zensieren würden,
die TAG für TAG aus Sarajevo überspielt werden,
ja DANN,
dann wäre die Tagesschau die KABARETTsendung
und Ihr SCHEIBENWISCHER dagegen
trocken wie das Wirtschaftsmagazin.
Aber,
Sie haben ja mich, Herr Hildebrandt.
In vorderster Front,
unzensiert,
Nachrichten von der Front,
ungeschminkt.
Kabarett, wie es das Leben schreibt,
exclusiv
und einfach UNglaublich!

Alles unter Kontrolle, Herr Hildebrandt!
ALLES!
Passkontrolle, Gepäckkontrolle,
Zugangskontrolle, Gesichtskontrolle.
Gesinnungskontrolle!
Natürlich: Hier darf jeder machen was er will!
Jeder! Jeder darf gehen wann er will.
Das ist ja gar nicht so,
von wegen Belagerung, eingeschlossen SEIN ...
Das ist gar nicht so.
Sagt der UNO-Kabarettist um neun Uhr dreißig –

Warum die nur alle noch hier sind, die Leute?
Kein Wasser, kein Strom, kein Essen, kein Benzin ...
Ja, wie dumm die alle sind!!

Sonnenbad an der Adria!
Schlössertour an der Loire!
Palmen in Haiti – STOPP!
Da wird ja jetzt auch kontrolliert,
wer unerwünscht ist.
Warum nur?
Warum sind die alle noch hier, die Bosnier?
Machen uns doch nur Arbeit, die Bosnier!
Aber: Hier darf ja jeder machen was er will.
Alles unter Kontrolle.
Sag ich ja.
Nur:
SIE dürfen hier trotzdem nicht rein, Herr Hildebrandt,
SIE nicht!
Sie fallen durch die Kontrolle, weil
SIE nicht haben, was hier jeder haben muss!
Die UNO hat's und übt's nicht aus,
die Serben haben's nicht, nehmen's aber trotzdem wahr.
Die Bosnier haben es schon lange verloren.
Ganz egal: Jeder, der hier was tun will ...
Zwiebeln pflanzen,
Briefe reinbringen,
Granaten zählen,
den Schwarzmarkt beliefern,

jeder, der hier was tun will, braucht ein
MANDAT.
Mandat zur Führung der Statistik über eingeführte
Mengen an Mehl, Reis und Corned Beef.
Mandat zum Mittagessen in der UNO-Kantine.
Mandat zur Inanspruchnahme der Erlaubnis
zur Antragstellung zur
Verlängerung der blauen UN-Aufenthaltserlaubnis,
die SIE nicht kriegen,
weil SIE kein MANDAT *haben!*
Wir haben zwar auch keines,
weil das MANDAT *zur tatkräftigen Unterstützung*
der notleidenden Bevölkerung
der UN-Kontrolle zum Opfer gefallen ist.
Gestrichen!
Ersatzlos gestrichen!
Weil: Das schafft ja Privilegien!
Der eine kriegt Thunfisch, der andere nicht!?
Geht nicht!
Thunfisch für alle!
Oder für keinen, also keinen.
Heizung, Öfen, Kohle?
Nur im UN-Gebäude (Tony friert so leicht) –
und Wolldecken für die Bosnier …
Körperwärme ist die beste Wärme.
Ab unter die Decke und kuscheln bis zur Gänsehaut!
Seid fruchtbar und mehret euch, ihr habt's nötig
(lautet die muslimische Anleihe aus der Bibel).

Rückkehr zur Homöopathie!
(Sagt die WHO)
Penizillin D 24,
bis zur Unwirksamkeit verdünnt,
aber es reicht für alle!
Keiner ist mehr gesünder als der Nachbar!
Hepatitis für alle!
Grippe für alle!
Durchfall für alle!
Nur keine Privilegien, das will die UNO nicht!
Unsere Kartoffeln und Äpfel
zwangsverfaulen am Flughafen,
keiner kriegt was davon!
Außer den UN-Inspektoren,
so viel Arbeit, da greift man schon mal zu.
Prinzip gewahrt!

Ja, Herr Hildebrandt, Sie sehen:
Wir ziehen alle an einem Strick.
(Nur nicht in derselben Richtung.)
Wir sitzen alle in einem Boot.
(Die einen rudern,
die anderen führen das Kommando.)
Wir helfen den Einwohnern von Sarajevo,
wir helfen Bosnien!
Uneigennützig.
Hier kann jeder zollfrei einkaufen.
Zigaretten, Whisky, Aftershave,

Radiorekorder, Schweizer Uhren,
Duty-free ...
So günstig, dass sich alles leicht zum zehnfachen Preis
auf dem Schwarzmarkt verkaufen lässt.

Das war so ein hingeworfenes Protestpapier. Wenn man die Menschen nicht mehr hat, die aus Überzeugung, Pflicht und Neigung sich die Mühe machen, anderen beizustehen wie jener barmherzige Samariter, dann muss man sich eine entsetzlich behäbige Bürokratie schaffen, die das Privileg hat, die bestbezahlte Bürokratie aller Zeiten zu sein.

DIE SPRACHE DER BÜROKRATIE
UND DAS RADIKALE LEBEN

Warum endunterzeichnende Ämter und Stellen
es niemals schaffen werden, Menschen zu verstehen,
die etwas Radikales wollen

Ich bekomme heute eine Mail aus der Hamburger Senatskanzlei, die mich lauthals auflachen lässt.

Ich hatte am 13. September 2013 den Bürgermeister und Leiter des Senats der Freien und Hansestadt Hamburg (auch noch so ein Schmarren, das alles bedeutet nichts, wird aber mitgeschleppt, weil es sich gut anhört) geschrieben, um ihn darauf hinzuweisen, dass wir mit den Vietnamesen in Deutschland eine große Gedenk- und Dankeschön-Veranstaltung machen wollen. Und zwar am 9. August 2014, und dann noch in der Nähe der Hamburger Landungsbrücken.

Erst wird man mal belehrt von der Bürokratie. Es wird uns nämlich gesagt, dass der Ort der Gedenkfeier (in der Nähe der Gedenktafel für die in 1979 vom Schiff Cap Anamur geretteten vietnamesischen Bootsflüchtlinge) liege auf der »Hochwasserschutzanlage Johannisbollwerk«.

Und dann kommen die wohlformulierten geballten Zuständigkeiten. Für die Genehmigung einer öffentlichen Veranstaltung sei in dem Bereich »das Bezirksamt Mitte zuständig«.

»Ich möchte Sie daher bitten, sich an die dort zuständigen Kolleginnen und Kollegen zu wenden, die ihnen bzgl. der genehmigungsrechtlichen Voraussetzungen genaue Auskünfte erteilen können.«

Eine dreifache Botschaft: Es gibt erstens Voraussetzungen für die Genehmigung, ja es gibt sogar ein Genehmigungsrecht, was dafür in Beschlag genommen werden muss.

Zweitens müssen die armen, guten Vietnamesen in Hamburg etwas von diesen »genehmigungsrechtlichen Voraussetzungen« erfahren, sie kennen und sie verstehen und dann erst können sie aufatmend ans Werk gehen,

Und drittens gibt es Experten für die Mitteilung solcher »genehmigungsrechtlichen Voraussetzungen«, das sind die – im Bezirksamt Mitte – »zuständigen« Beamtinnen und Beamte, die uns einiges mitteilen können. Was meinen Sie, Beamtinnen – gibt es nicht? Na, da sind Sie aber ganz schön schiefgewickelt. In der korrekten Sprache der Zuständigen mache ich keinen Fehler, ich sage selbstverständlich »Beamtinnen und Beamte«, und wenn da im Bezirksamt Mitte Angestellte sind, dann sollen da auch »Angestelltinnen« sein.

Und um die »genehmigungsrechtlichen Voraussetzungen« dafür zu erfahren, sollten wir »zügigst« und »direktest« an das zuständige Bezirksamt Mitte herantreten. Das hat nicht etwa eine Mail-Adresse wie dieser umständliche Brief der Zuständigen für »Internationale Zusammenarbeit« in der Senatskanzlei, die haben auch keine Adresse oder ein Postfach, die haben ein »Funktionspostfach«, das das Anliegen der Deutschen, die auch Vietnamesen sind, »schnellstmöglich bearbeitet«. Das hat die Frau aus der Senatskanzlei sicher zur Erheiterung beigefügt. Jedes Kind weiß, das Zuständige in Behörden nie und nimmer etwa schnellstmöglich »bearbeiten«.

Deshalb ist der Brief vom 13. September 2013, den ich an den »Ersten Bürgermeister der Freien und Hansestadt Hamburg« geschrieben habe, am 15. Oktober, also weit über einen Monat später, nicht etwa auf meinem Wege des ehrwürdigen Respektes, sondern als Mail ruckzuck beantwortet worden. Ich hatte gedacht, ich kann doch dem Ersten Bürgermeister der Freien und Hansestadt Hamburg nicht zumuten, dass ich ihm an sein »Funktionspostfach« schreibe.

Egal, die schnellstmögliche Antwort der Zuständigen für Internationale Zusammenarbeit besteht in der Bitte um einen Monat und zwei Tage Bedenkzeit.

Sie, das heißt die deutschen Staatsbürger vietnamesischer Herkunft, werden jetzt noch gewarnt, sie sollten diese Anfrage eigentlich schon vorher gestellt haben. Denn gerade im Sommer finden »zahlreiche Veranstaltungen statt, deshalb sollten Sie ihre Anfrage zügig stellen, damit Sie Ihr Veranstaltungskonzept ggf. noch gemäß der Terminlage sowie entsprechend der auf der Hochwasserschutzanlage vorgegebenen Rahmenbedingungen anpassen können«.

Feststellen muss ich, dass wir eine wirklich sehr freundliche und aufnahmebereite Gesellschaft haben, die auch die 11 340 Vietnamesen und ihre Familien und alle, die hier geboren sind, sehr freundlich aufgenommen haben.

Aber diesen Brief – sage ich – versteht kein deutscher Vietnamese, aber auch kein normaler Deutscher. Da braucht man schon Übersetzungsfähigkeiten.

Es kann auch sein, dass die Anfrage, die ich ja für eine rein deutsche Angelegenheit gestellt habe, nur deshalb bei der Sachbearbeiterin gelandet ist für »Internationale Zusammenarbeit«, weil man in meinem Brief das Wort »Vietnamesen« gelesen hat. Denn von Zusammenarbeit mit einem anderen Land kann hier im Wortsinn keine Rede sein. Die vietnamesischen Bootsflüchtlinge bekamen Asyl – ohne Asyl-Nachfrage und -Prüfung, weil sie *refugees on orbit* waren, wie das schöne rechtliche Wort heißt. Das heißt: Ihr großartiges Vater- und Mutterland hatte sie auf Grund der Tatsache ihrer Flucht aus dem Staats- und Volksverband ausgeschlossen. Also – von wegen »Internationale Zusammenarbeit«. Die deutschen Staatsbürger, die die Bootsflüchtlinge alle geworden sind, wollen sich an den Landungsbrücken, nach oder vor einer Hochwasserzeit, mit oder ohne genehmigungsrechtliche Voraussetzungen bei unserem Staat, auch dem Staat des Ersten Bürgermeisters der Freien und Hansestadt Hamburg bedanken. Würde ich was in der Senatskanzlei zu sagen haben, würde ich den Vietnamesen zurufen: »Ja, machen Sie ihre Feste, führen Sie solche Dankbarkeits-Veranstaltungen durch, in denen Menschen, die bei uns in Deutschland Aufnahme gefunden haben und sich bedanken wollen, es auch tun. Wir schätzen diesen Ausdruck der Dankbarkeit. Deshalb haben wir uns in der Senatskanzlei beim zuständigen Bezirksamt Mitte schon für sie eingesetzt, weil sie besonders wertvolle neue Staatsbürger sind. Wir garantieren Ihnen die Möglichkeit und bestätigen den Termin.«

Ob die Zuständige für internationale Zusammenarbeit in der Hamburger Senatskanzlei diesen Appell meinerseits verstehen wird?

Da bin ich sehr im Zweifel.

Denn es gab schon einmal fast ein Zerwürfnis und einen Zusammenstoß mit der Hamburger Behörde. Die Vietnamesen wollten vor sechs Jahren schon damals etwas sehr Schönes machen, sie wollten einen Dank- und Gedenkstein an den Hamburger Landungsbrücken aufstellen, an dem das deutsche Rettungsschiff zweimal (1982 und 1985) angelandet ist, und zwar mit den Menschen, die damals unglaublich gerührt waren, dass sich ein Land in der Mitte

Europas um sie kümmert. Auch damals dachten die vietnamesischen Freunde, die alle Deutsch gelernt haben – was beiläufig gesagt so schwer ist wie für die Zuständigen in der Senatskanzlei und für mich – vietnamesisch zu lernen (machen sie das mal!!!???).

Ich schrieb an den damaligen Ersten Bürgermeister Ole von Beust und bekam einen Brief, der anzeigte, dass die Behörde dachte, die Vietnamesen wollten die fundamentale Erinnerungs-Kultur der Deutschen in Antwort auf den Holocaust und die Schoah ins Wanken bringen. Wieder wurden besondere pädagogische Kräfte in den Zuständigen der Senatskanzlei wachgerufen, und man ermahnte mich und durch mich hindurch die Vietnamesen. Das las sich damals folgendermaßen:

Am 8. März 2006 hatte ich an den Ersten Bürgermeister um die Genehmigung dieser Eröffnung und Platzierung eines Gedenksteins gebeten, mit dem die Vietnamesen ihrer Dankbarkeit für ihre Rettung Ausdruck verleihen wollten. Ich hatte gleich den Namen des wichtigsten Organisators in Hamburg genannt, und gebeten, dass man meinen Brief nur als Brücke nimmt, um dann alles Praktische mit den Vietnamesen-Deutschen zu vereinbaren.

Dann kam am 26. September (8. März bis 26. September – das nennt die Behörde wahrscheinlich »zügig«) der Brief des Senatsdirektors Stefan Herms, dessen Prosa man wirklich zweimal lesen muss um zu begreifen, dass die Behörde eine enorme Staatsgefährdung im Anzug sieht.

Sehr geehrter Herr Nguyen,

in einem Schreiben vom 8. März 2006 an den Ersten Bürgermeister der Freien und Hansestadt Hamburg hat Rupert Neudeck eine sichtbare Form des Gedenkens an das Schicksal der vietnamesischen Bootsflüchtlinge angeregt und Sie als Ansprechpartner benannt.

Jetzt kommt es. Lehnen Sie sich zurück, weil es jetzt wirklich eine krause Prosa zu verdauen gibt.

In der nächsten Umgebung der Landungsbrücken existieren bereits zwei Gedenktafeln. Diese haben mit ihrem Bezug zu jüdischen Flüchtlingen und Emigranten einen klaren Anknüpfungspunkt zur deutschen Geschichte und reflektieren damit auch deutsche Schuld. Das Anbringen weiterer Tafeln, die sich auf FLÜCHTLINGE IN ANDEREN WELTGEGENDEN *beziehen, könnte als ein Versuch einer Relativierung der Judenverfolgung in Deutschland und des Holocaust empfunden werden und damit zu ungewollten und nicht unerheblichen Irritationen führen. Bitte haben Sie daher Verständnis, dass die Freie und Hansestadt Hamburg Ihr Anliegen nach intensiver Prüfung und eingehender Abwägung leider nicht unterstützen kann.*

Das war für die Vietnamesen ein Brief, der totale Ratlosigkeit hinterließ. Heißt das, dass wir besser die Deutschen nicht dafür loben, dass Sie uns aus dem Südchinesischen Meer und vor dem verbrecherischen Regime gerettet haben? Heißt das, dass wir besser nicht darauf bestehen, uns dafür zu bedanken, weil wir damit der Welt und den Deutschen etwas so Unerhörtes sagen: Nämlich, dass 35 Jahre nach dem Ende des Zweiten Weltkrieges die Deutschen sich etwas Großartiges abgerungen und geleistet hatten, nämlich eine Notaufnahme von direkt über 11 300 Flüchtlingen – wenn man die dazu nimmt, die noch mit anderen Schiffen gekommen sind, über 12 000 – die sich jetzt zu einer der vorbildlichsten Gemeinschaften der Bundesrepublik gemausert haben.

Ich verstehe diese Bürokratie manchmal gar nicht, und will es in diesem Fall nicht verstehen. Ich halte es für unanständig, den neuen Staatsbürgern mit so viel bürokratischem Klimbim zu kommen, anstatt ihnen zu helfen, diese »genehmigungsrechtlichen Voraussetzungen« schnell aus dem Wege zu schaffen.

Als Wolfgang Schäuble 2007 bei der Eröffnung und der Enthüllung dieses Gedenksteins als Bundesinnenminister dabei war und miterleben durfte, dass diese Vietnamesen an den Hamburger Landebrücken, vielleicht 600 bis 1000, die deutsche Nationalhymne sangen, kamen ihm die Tränen.

GESELLSCHAFT VOLLER MONADEN

WENN ICH SO MEINE MITMENSCHEN BEOBACHTE, wie z.B. an einem entspannten Samstag am Kölner Hauptbahnhof, dann erscheinen mir meine gerade jüngeren Mitbürger wie Monaden, im Sinne von Gottfried Wilhem Leibniz. Sie sind in sich abgeschlossen, haben weder einen Bezug zur Natur noch Verbindungen zu den umhergehenden Menschen, auch nicht zu den im Zug neben ihnen sitzenden.

Alle, oder viele haben mittlerweile einen Clip im Ohr und können aus der Monade gar nicht mehr herausbrechen. Im Bahnhof in Hennef, auf dem ich einen Bus-Anschluss suche, um nach Neunkirchen-Seelscheid zu gelangen, frage ich jemanden, der neben mir geht. Ob ich hier diese Treppe hochgehen muss, um zum Busbahnhof zu kommen. Der guckt mich aus seiner Monadenform an, denn er hat die beiden Clips im Ohr und dröhnt sich mit irgendeiner Musik voll. Da er mich aber fragen sieht, nimmt er den einen Clip aus dem Ohr und kann sich mir zuwenden.

Werden wir eine Gesellschaft von Monaden – andauernd Clips im Ohr, mit dem Smartphone in der Hand, die Begegnung mit Mitmenschen und der Natur fürchtend? Wir sind das geworden, was Leibniz eine Monade nannte. Aber da wir es alle geworden sind, brechen Gemeinschaft und Gesellschaft zusammen. Die seinerzeitige dramatische Unterscheidung von Gemeinschaft und Gesellschaft, die vom Soziologen Ferdinand Tönnies stammt, hat keine Zukunft mehr.

FRAU CHRISTEL – WARUM SIE IMMER VERGESSEN WURDE

CHRISTEL NEUDECK HAT in unserer Familie das radikalste Leben geführt. Sie setzte ein Modell um, von dem wir ja nicht einmal wissen, ob es eines werden kann. Aber für eine solche humanitäre Arbeit ist der Zusammenklang zweier Menschen, die sich in einer Ehe verschworen haben oder – heute sagt man – Lebenspartnerschaft, das Allergünstigste.

Man sagt immer, dass die Zeit für ein Engagement, zumal ein ehrenamtliches von drei bis sechs Monaten (also bei den Grünhelmen, bei Cap Anamur oder MSF), nicht die Zeit ist, wenn sich eine solche Ehe Kinder leistet.

Bei uns war es nun genau umgekehrt. Als ich mit Christel Neudeck 1971 nach Köln ging, zum Katholischen Institut für Medien-Information – direkt gegenüber dem Dom,

kam bald das erste Kind Yvonne (23.8.1972) und nach
zwei Jahren das zweite, Marcel (7.9.1974) und mit Milena
(25.12.1980) das dritte Kind. Wir begannen die spannendste Zeit unseres Lebens mit zwei Kindern. Und es kam dann
wie aus heiterem oder düsterem Himmel das dritte Kind.
Christel wollte eigentlich nicht mehr, wir hatten nicht auf-
gepasst, doch abtreiben kam nicht in Frage. Aber sie wütete
gegen dieses Schicksal. Später haben wir mit dem dritten
Kind viel gelacht, das dann das »Komitee-Kind« genannt
wurde, weil es genau in diese Zeit hinein am 1. Weihnachts-
tag 1980 geboren wurde. (Wir sagten immer Komitee, weil
der Vereinsname »Komitee Cap Anamur/ Deutsche Not-
Ärzte e.V.« war.)

Die Heldin dieses radikalen Lebens war Christel Neudeck, nicht etwa ich.

Ich hatte meine Arbeit, ich musste jeden Morgen von
Köln Rath losfahren, um pünktlich – oder einigermaßen
pünktlich – im Institut für Medieninformation zu sein,
das die Funk-Korrespondenz herausbrachte. Sie hatte viel
zu tun – mit zwei, dann mit drei Kindern. Sie hatte ihren
Beruf aufgegeben, konnte das Kind nicht abgeben, aber
bekam eine Rolle in dem künftigen eingetragenen Verein,
die mehr war als ein Beruf und Berufung zusammen, es
war ein Vollzeitjob. Christel Neudeck stemmte das. Diese unglaubliche, von Männern nie einzuholende Arbeit,
Leistung, Qual, Erschütterung, Freude, die unsereiner nie
auch nur am Zipfel fassen und verstehen wird, außer dass
wir das hemmungslos bewundern können und sollen. Sie

musste sich dreimal neun Monate lang in jeder Weise auf das Gebären der Kinder einstellen. Allein diese Arbeit würde ja ein Menschenleben schon ausfüllen.

Aber nein, wir gründeten dann eine Organisation, die die Mehrheit, die überwiegende Mehrheit meiner Mitbürger immer noch für den Mythos einer großen Organisation hält. Wir begannen mit dem von der französischen Urorganisation ausgeliehenen Namen »Deutsches Komitee Ein Schiff für Vietnam«. Wir gründeten den Verein, wir sagten dem Publikum, wir würden erst mal für ein französisches Schiff sammeln, dann auch für ein deutsches.

Wir betrieben das Schiff, das wir dann am 24. Juli 1979 charterten, von unserem kleinen Reihenhaus aus, wo wir alles organisierten. Es war noch nicht die Zeit der Mobiltelefone und der Internet-Laptops, man hatte, wenn überhaupt, einen Telex-Apparat in der Mitte der Wohnung.

Alles spielte sich in dieser Wohnung ab, und alles hat die Christel Neudeck gemanagt.

Das Radikale?

Das Radikale bestand darin, sich mit Haut und Haaren dem Unternehmen »Lebensrettung im Südchinesischen Meer« zu widmen.

Das Eigentum, die Wohnung, die Schlafstellen, die Kinder mit ihren Bedürfnissen.

Das Axiom, nachdem man in der Zeit, da die Kinder kommen, nichts machen kann, hat Christel Neudeck widerlegt. Sie hat immer gekonnt. Als 60-jährige hat sie einen neuen Beruf gelernt und mit der Ausübung begonnen, sie macht Telefonseelsorge in Köln und hilft entweder in Nachtdiensten oder am Tage, anderen Menschen die Krankheiten unserer Tage zu überwinden.

Damals war sie die Königin des Vereins. Sie kannte alle, sie hatte alle vorbereitet, sie hatte für alle die Rettungsflugwacht und die Berufsgenossenschaft vereinbart, sie hatte die Gespräche geführt bis mitten in die Nacht. Gab es je eine großartigere Erfahrung mit der humanitären Aktion, als im Wohnzimmer gemessen und gewogen und für tauglich oder nicht tauglich beurteilt zu werden?

Es war (bis zum Oktober 2013) ein reines Familienunternehmen.

Wir, Christel und ich, dachten nachher, als die drei Kinder schon so weit waren, dass wir darüber reden konnten, wir hätten sie vernachlässigt, wir hätten nicht genug Zeit für sie gehabt.

NEIN, haben sie gesagt, ob wir denn nicht bemerkt hätten, dass Ihre Klassenkameraden immer zu uns, sie aber nicht zu den Klassenkameraden gegangen wären?

Und warum das so gewesen wäre? Weil es bei uns zweierlei gab, was Kinder mögen:

Einmal war bei uns nie irgendetwas ordentlich. Es gab nie etwas zu einer bestimmten Zeit, man musste sich nie ordentlich hinsetzen.

Und zum anderen war bei uns immer was los, es kam immer gerade ein neuer interessanter Weltbürger zur Tür herein.

Christel erzählt immer die Geschichte, dass wieder 15 Leute im Kreis zusammensaßen mit unserem somalischen baumlangen Freund Abdulkarim Ahmed Guleid.

Und Marcel, im zweiten Schuljahr und acht Jahre alt, kam herein, stutzte und rannte auf den Schoß von Abdulkarim Guleid, denn das war unser Freund, und die Kinder kannten und mochten ihn.

Also: Es geht mit Familie und Kindern, man soll nicht sagen, dass das völlig ausgeschlossen ist.

Radikal leben heißt nicht, sich ständig am Riemen zu reißen und etwas wahnsinnig Anstrengendes zu tun, das wehtut, und bei dem man nichts zu lachen hat.

Nein, radikales Leben, das ist das, was der neue Papst uns aufgibt: Wir sollten unbedingt protestieren. Wir sollen uns bei dem, was vorherrscht, nicht beruhigen. Immer da, wo die Menschen sagen: Das geht aber doch nicht, da müssen wir uns fragen: Warum denn nicht?

Dieser Papst hat sich entschlossen, seine eigene Tasche mit den Dingen, die er tagtäglich braucht, zu tragen.

Wir waren nicht griesgrämisch und sauertöpfisch. Wir freuten uns. Ich werde den Moment nicht vergessen, als ich 1981 mit Christel und den Kindern in einer Eisdiele mit wunderbarem italienischem Eis sitze, und aus dem Radio kommt die Nachricht: Das deutsche Rettungsschiff Cap Anamur hat erneut im südchinesischen Meer 124 Vietnamesen aus Seenot gerettet, das Schiff nimmt jetzt Kurs auf die philippinische Küste.

Christel war diejenige, der nie etwas zu viel war. Oder wenn, dann hat sie das ganz laut und klar gesagt, und dann war Schluss. Aber sie hat immer gewusst, was zu tun ist, immer hat sie alle untergebracht bei uns, ob das Bernard Kouchner, André Glucksmann oder Mitarbeiter waren. Wir haben eine Zeitlang im Wohnzimmer auf dem Fußboden geschlafen.

Wir erzählen das nicht, um Bewunderung auszulösen oder dergleichen. Nein, das war unsere Wahl, und wir haben es gern gemacht. Es war nicht die Nachfolge der preußisch-idealistischen Philosophie, wie es in den Zahmen Xenien ausgedrückt ist:

Zwar liebe ich meine Freunde,
doch tue ich es aus Neigung,
deshalb kann ich nicht tugendhaft sein.

Es war das genaue Gegenteil. Jeder würde hier wieder Gastrecht erhalten und willkommen sein. Mit welcher Bewunderung lesen wir, wie die dänischen Juden, die Anfang Oktober 1943 noch die Flucht nach Schweden geschafft haben, von schwedischen Arbeitern begrüßt wurden, spontan und ohne jede Aufforderung: »Als wir in den Hafen einfuhren, sprangen zwei Arbeiter oben an Deck auf und riefen ›VÄLKOMNEN‹, und auch der Soldat, der am Pier Wache schob, begrüßte uns«.[5]

DAS HAUS UND DER VORWURF, KAPITALIST ZU SEIN

La Propriete c'est le Vol!
(Eigentum ist Diebstahl!)

WIR WAREN DAMALS in den 60ern und Anfang der 70er-Jahre ganz schön auf dem Trip, gegen den »Immobilienkapitalismus« anzugehen. Und wie das so ist, waren wir der Meinung, dass wir am besten gegen ihn kämpfen, wenn wir Miete zahlen. Also eigentlich den Immobilienhaien noch mehr Geld in den Rachen schmeißen denn je. Dass Wohnungs- und Hauseigentum eine hervorragende soziale Aufgabe haben kann, das haben wir im Laufe der Jahre dann gesehen.

Aber der Reihe nach. Erst mal wohnten wir in unserer ersten Wohnung in Köln-Rath. Dort hatte eine famose Kölner Urviech-Kabarettistin und Schauspielerin ein Haus, in dem sie eine Etage an zwei Parteien vermieten wollte. Wir kamen gerade vom Studium nach Köln und suchten etwas. Christel war schon schwanger, und wir würden bald zu dritt sein. Diese Wohnung bestand eigentlich nur aus einem Zimmer und einer halben Kochnische und einem Duschzimmer plus Toilette. Von dort fuhr ich mit der Bahn zum Kölner Hauptbahnhof, weil mein Arbeitsplatz im Katholischen Rundfunkinstitut gleich neben dem Dom und also auch in der Nähe des Hauptbahnhofs lag.

Wir zahlten 550 DM Miete. Christel erzählt, dass ich mich anfangs wie ein Großverdiener fühlte, weil ich 1300 DM Netto im Rundfunkinstitut verdiente. Aber davon gingen schon mal glatt 550 DM weg.

Aber wir waren immer noch auf dem Trip, keine Kapitalisten zu werden, und der Kapitalismus begann bei uns mit dem Eigentum an Immobilien. Also dem Besitz eines Häuschens oder Reihenhäuschens. *La propriété c'est le vol*, hatte Proudhon gesagt, und so sagten wir es auch.

Nach zwei Jahren wurde in Erwartung des zweiten Kinds die Wohnung zu klein. Wir schauten uns nach einer weiteren Mietwohnung um. Die fanden wir etwas weiter außerhalb von Köln und dessen Dunstkreis, in Forsbach im Königsforst. Für einen Kölner ist das schon das dichteste Sibirien, denn das richtige zivilisierte und kultivierte Köln liegt ja auf der anderen Seite. Sibirien fängt, wie der Volksmund sagt, in Deutz an.

Dort hatten wir in der zweiten oder dritten Etage eine Dreizimmerwohnung, ich muss immer Christel fragen, in welcher Zeit das genau war, denn ich haute am Morgen ab und kam am Abend wieder. Was zahlten wir in Forsbach? Auch 550 DM – ein Drittel des Monatsgehalts ging auf diese Weise weg. Das Wohnen zur Miete hat natürlich auch Vorteile. Oder es kann Vorteile haben. Man ist von vornherein mit anderen Menschen zusammen, ob die einem gefallen oder nicht.

Aber da kam das zweite Kind Marcel. Bei Marcel durfte ich noch im Kreißsaal dabei sein und Christel die Hand halten, fiel aber – was bis heute unter großem Gelächter erzählt wird – in Ohnmacht. Ich musste zum Wiederbeleben aus dem Raum herausgebracht werden, in dem die starke Christel das zweite Kind bekam. Bei Yvonne war ich noch nicht zugelassen als Mann. Als das Kind da war und ich es gesehen hatte, fuhr ich so beschwingt durch die spätabendlichen Straßen in Köln, dass ich fast einen Verkehrsunfall produziert hätte. Ich bin über Rot gefahren, und fast wäre ein anderes Auto in mich hineingekracht. Aber das Glück war unwiderstehlich groß und hätte auch einen leichten Unfall gut überstanden.

Dann war uns auch das nicht mehr gut, bei zwei Kindern gab es nur zwei Räume plus Küche und Bad. Also lotste man uns nach Troisdorf. In dem Stadtteil Spich sahen wir uns ein Reihenhaus in der Kupferstraße an, das 200 350 DM kosten sollte. Kurz entschlossen, unter schwieriger und schwerer Überwindung aller altantikapitalistischen Vorurteile, schlugen wir ein. Wir hatten für alles, was wir später

taten, eine gute Wahl getroffen. Es ist das geschichtlich be-
deutendste Haus, das es in der Rheinebene gibt. Wir haben
hier seit Februar 1979 die Organisation »Deutsches Komitee Ein Schiff für Vietnam« gegründet und geleitet. Und
hier waren täglich Besuche von Kandidaten, Treffen mit
einzelnen Team-Mitgliedern, dem Verein, dem Vorstand,
den Freunden. Es kamen Leute aus Frankreich, Bernard
Kouchner schlief bei uns im Keller, André Glucksmann, einer der neuen Philosophen, wir waren auch mit der Wahl
des Hauses sehr glücklich. Denn wir wollten ja das Geld,
das uns die vielen Menschen für unsere Arbeiten und radikalen Aktionen gaben, natürlich nur in unsere Projekte hi-
neinstecken und nichts durch Personalkosten wegwerfen.

Günter Grass hat einen seiner schönsten Texte über das
radikale Leben der Neudecks geschrieben, als wir damals
mit dem Schiff unterwegs waren im Süd-Chinesischen
Meer. Er hat uns erzählt, dass er nur durch seine Fantasie und das Lesen weniger Texte die Idee zu einem litera-
rischen Stück hatte, das ganz auf die Realität bezogen war.

Unter dem Jahresdatum 1980 ist das zu finden in »Mein
Jahrhundert«.[6] Und der launische, ganz auf das Lob von
Christel Neudeck ausgerichtete Jahresbeitrag beginnt so:

»Ist doch von Bonn aus ein Katzensprung nur, sagte mir
seine Frau am Telefon. Sie ahnen ja nicht, Herr Staatsse-
kretär, wie naiv diese Leute sind, dabei freundlich: ›Schau-
en Sie ruhig mal kurz vorbei, damit sie mitkriegen, was da
bei uns hier läuft von früh bis spät und so weiter. Also sah
ich mich als LEITER des Zuständigen Referats verpflichtet,

Augenschein zu nehmen, und sei es auch nur, um Ihnen gegebenenfalls zu berichten. In der Tat: Vom Auswärtigen Amt war es ein Katzensprung nur«.

Der Leiter des Referats beschreibt diese Frau Neudeck, die plötzlich nicht zu beruhigen war. Es gab in diesem Haus langes Palaver über Wartelisten, Tropentauglichkeit, Schutzimpfungen. Dazwischen immerfort die drei Kinder. Wie gesagt, sagt der Diplomat und berichtet seinem Staatsekretär, er stand in der Küche. Wollte gehen und ging nicht. Kein Stuhl war frei. »Mehrmals bat sie mich, mit einem Holzlöffel den Eintopf umzurühren. Während sie im Wohnzimmer nebenan telefonierte. Als er schließlich auf einem Wäschekorb Platz nahm, habe er sich auf eine Gummiente gesetzt, ein Spielzeug der Kinder, die erbärmliche Quietschlaute von sich gab«. Dann noch mal O-Ton Günter Grass über unsere Troisdorfer Zentrale: »Diese Leute, Herr Staatsekretär, lieben das Chaos. Das mache sie kreativ, bekam ich zu hören. Wir haben in diesem Fall es mit Idealisten zu tun, die sich einen Dreck um bestehende Vorschriften kümmern.« Vielmehr seien sie, wie die gute Frau (Christel Neudeck) in ihrem Reihenhaus, felsenfest davon überzeugt, die Welt bewegen zu können. »Eigentlich bewundernswert, fand ich. Wenngleich es mir nicht gefallen konnte in meiner Funktion beim Auswärtigen Amt als Unmensch dazustehen, als jemand, der immerfort nein sagen muß«. Und schließlich: »Gewiss nichts ist verdrießlicher als Hilfe versagen zu müssen.«

RADIKAL LEBEN UND
AUCH MAL NEIN SAGEN

Überall begegnen mir junge Mitbürger, die mich fast umrempeln. Sie kommen von der S-Bahn und halten sich mit einem Arm ein kleines Gerät vor das Gesicht, auf dem sie mit der anderen Hand tippen oder herumwischen – das Smartphone fordert ihre ganze Aufmerksamkeit. Eigentlich könnte man sich freuen, aber es gerät alles durcheinander. Sitzen wir in der S-Bahn, müssen wir ertragen, von dem unsäglichen privaten Quatsch dessen mitzuhören, was der Nachbar in sein Smartphone brüllt. Gehen wir an einem Teich oder im tiefen Wald spazieren, kommen uns ebenfalls meist junge Menschen entgegen, die keinen Sinn für die Ruinen von Tipasa oder die Hochzeit des Lichts haben, sondern die mit den neuesten Nachrichten auf dem kleinen Display ihres Smartphones beschäftigt sind.

Die Nutzer der neuen digitalen Informationsmedien, sagt der Soziologe Ulrich Beck, seien gleichsam zu Cyborgs geworden. »Sie nutzen diese Medien als Sinnesorgane, die Medien gehören zum Selbstverständnis ihres Handelns in der Welt. Gerade die Facebook-Generation gibt damit einen großen Teil ihrer individuellen Freiheit und ihrer Privatsphäre preis.«[7] Ich lese das mit Zustimmung, wir erleben den Wandel unserer Lebenswelt, die man sich revolutionärer nicht vorstellen kann.

Fraglich ist aber, ob das gut für uns ist. Mündige Bürger, Ehepaare, Väter und Mütter können es sich nicht leisten, Monaden zu sein. Es gibt, sagt der sehr hellhörige Soziologe, eine globale Interdependenz: Es entstehe ein neues digitales Imperium. »Aber keines der historischen Imperien, die wir kennen, das der Griechen oder der Perser, hatte die Eigenschaften, die das heutige digitale Imperium kennzeichnen«. Denn dieses beruhe »auf Merkmalen der Moderne, die wir noch gar nicht richtig durchdacht haben. Es beruht weder auf militärischer Gewalt noch besitzt es die Kapazität für eine politisch-kulturelle Integration über Entfernungen hinweg. Es verfüge aber über die extensiven und intensiven Kontrollmöglichkeiten in einer Breite, die letztlich alle individuellen Präferenzen und Schwächen offenlegen. Wir werden alle gläsern und durchsichtig«. Diese Fähigkeiten und Möglichkeiten sind weder mit dem Begriff des Imperiums angesprochen noch mit einem anderen.

Und er setzt auch den entscheidenden Punkt, weshalb wir alle so aufgeregt sind: Niemand anders als Edward

Snowden, ein dreißig Jahre alter Geheimdienstexperte, hat das System ins Wanken gebracht. Er hat das Informationssystem gegen sich selbst gewendet.

Beck: »Die mögliche Katastrophe wurde uns nur dadurch bewusst, dass ein einzelner Geheimdienstexperte Snowden das Risiko weltöffentlich gemacht hat.«[8]

Ich habe daraus eine Nutzanwendung gezogen. So wie mein Mentor Heinrich Böll immer sagte – »Ich lasse mich nicht verkabeln«, so würde ich sagen, ich lasse mir meine Freiheit und will nicht an jedem Ort wissen, wer mit mir gerade zu kommunizieren wünscht. Ich möchte es freilassen. Ich möchte die Möglichkeit haben, mich zu einer von mir selbst bestimmten Zeit an den Computer zu setzen, aber den Computer in Gestalt eines Smartphones will ich nicht mit mir herumtragen.

»*Je me révolte donc nous sommes*« (Ich leiste Widerstand, also sind *wir*).

Ich werde diesen alten Grundsatz meines Mentors Albert Camus immer wieder bestätigen. Der ist mir noch wichtiger geworden, weil er mir sagt: Die Entscheidung zum Widerstand, die ich machen muss, muss ich erst selbst fällen, ohne jede Rücksicht darauf, ob ich der Einzige bleibe oder nicht.

Es stimmt auch das meiste nicht, was uns die Werbebranche einreden will. Ich habe mein eigenes Handy schon seit zwölf Jahren. Alle Welt will mir einreden, dass ich unbedingt ein neues brauche, eines mit dem ich fotografieren und mit dem ich meine Mails abrufen kann. Nein, ich behalte es bis zum Ende. Und erfreue mich des Kontaktes über mein Festnetztelefon.

Beck hat noch etwas gesagt, was ich auf meine radikale Art interpretiere. »Die Verletzung der Freiheit schmerzt nicht, man spürt sie nicht, man erlebt keine Krankheit, keine Überflutung, keine Chancenlosigkeit am Arbeitsmarkt. Die Freiheit stirbt, ohne dass die Menschen physisch verwundet werden. In allen politischen Systemen sei das Versprechen auf Sicherheit der eigentliche Kern der staatlichen Gewalt und Legitimation – während Freiheit immer zweitrangig sei oder wirke.«[9]

Genau das ist der Punkt, wir lassen uns nicht nur den eigenen Manövrierraum stehlen, wir tragen dazu bei, dass er uns permanent gestohlen wird. Wenn du das Ding hast, bist du sein Sklave, sagte mir der Grünhelm-Kollege Abdullah Allaoui. Er meinte damit: Dann hast du nur noch damit zu tun, mit nichts anderem.

DER SAMARITER

Radikal zu leben bedeutet, in der Freude auf etwas anderes zu leben.

Ich bin ganz fest davon überzeugt, dass der Tod nicht das Ende ist. Goethe hat das im Gedicht »Selige Sehnsucht« so wunderbar zum Ausdruck gebracht:

Und solang du das nicht hast
Dieses: Stirb und werde!
Bist du nur ein trüber Gast
Auf der dunklen Erde.

Wer wirklich gläubig, ein *believer* ist, der kann sich mit den Gläubigen anderer Religionen immer gut verstehen, solange er Gläubiger und der andere auch ein Gläubiger ist. Denn es ist schließlich der gleiche Gott, an den wir alle glauben.

Das ist diese wunderbare Radikalität, von der ich spüre, dass sie den Papst ergriffen hat, der auch am liebsten keine reichen Knacker in die Kirche hineinlassen würde.

Simone Weil, die tapfere jüdisch-französische Philosophin, schrieb an den französischen Schriftsteller Georges Bernanos, der heute auch an unserem neuen Papst ein großes Wohlgefallen hätte, sie sei nicht katholisch, obwohl ihr nichts Katholisches oder Christliches je fremd vorkamen. »Manchmal dachte ich, wenn man an den Kirchentüren nur Schilder aufhinge, die allen oberhalb einer bestimmten niedrig angesetzten Einkommensgrenze den Zutritt untersagten, würde ich sofort konvertieren«. [10]

Ich bin noch aufgewachsen in einer Zeit, in der es keine Frage war, ob man am Sonntag in die Kirche gehen würde, sondern nur wann. In den 40er- und 50er-Jahren war der ganze Sonntag ein Kirchgangtag. Wir haben uns nur überlegt: Gehen die fünf Kinder und der Papa um neun Uhr, die Mutter aber schon um acht Uhr, damit wir dann das von ihr vorbereitete große Frühstück einnehmen können? In meiner Erinnerung schwant mir auch etwas, das unsere Mutter schon um kurz vor sieben am Sonntag von der Schillstraße im Fleyerviertel in Hagen am großen klobigen Oberlandesgerichtsgebäude vorbei bis zur Elisabethkirche gegangen ist, und wir uns gemütlich und bequem entscheiden konnten, ob wir ausschlafen und um neun gehen oder wenn die Fußballmannschaften der DJK-Saxonia ein

Spiel hatten, dann eben schon um 7:45 Uhr losgingen, um pünktlich um zehn zum Spiel anzutreten.

Noch mal, weil sich das heute keines unserer Kinder und wir selbst noch vorstellen können: Das war nicht etwa ein Betteln und ein nettes Fragen, das war so selbstverständlich wie – ja, das Amen in der Kirche oder das Inch al-Allah in der Moschee.

Das scheint heute vorbei. Wenn ich freitags zu Hause bin, dann gehe ich sehr gern in die nur sieben Minuten entfernte Kirche St. Mariä Himmelfahrt, die mittlerweile viel zu groß und geräumig ist für die vergleichsweise kleine Herde, eine kleine Gruppe von Menschen, die dort zum Gottesdienst versammelt ist. Aber da es nun nicht etwa fünf heilige Messen am Sonntag gibt, sondern nur noch eine um 11 Uhr und das dann zu Recht die Kindermesse ist, ziehe ich sie vor.

Mir bedeutet das sehr viel, weil ich damit groß geworden bin, aber ich bin nicht pessimistisch. Wer sein Leben wirklich nach anderen als nur egoistischen Zielen und nach dem Prinzip *business and pleasure* ausrichten will, den wird die Botschaft packen, und er wird sein Leben radikal umstellen.

Dazu braucht man nicht unbedingt die Kirche als Gebäude. Sie kann nebenbei für die älteren Semester weiterbestehen, aber ich bin überzeugt, dass es Kirche schon in ganz vielen anderen Formen gibt und geben kann.

Ich denke an die Telefonseelsorge, die in ganz vielen katholischen und evangelischen Diözesen gemacht wird. Da sitzen Frauen und Männer, die eine lange gute Ausbildung für diesen seelsorgerlichen Beruf bekommen haben, am Telefon und haben für Mitmenschen in Not einfach ganz viel Zeit. Das hilft diesen Menschen und ist eine gleichberechtigte Form von Seelsorge, weshalb der Name nicht nur im übertragenen, sondern im wirklichen Sinne gilt.

Ich erlebe mich manchmal in der Situation, dass ich lieber Muslim wäre, der Gott ist sowieso derselbe, nicht nur der gleiche. Warum ich das sage? Wir Menschen sind labiler und aus krummem Holze geschnitzt, wie Immanuel Kant gesagt hat. Und wir müssen uns immer wieder besinnen, dass wir nicht allein und eigenmächtig hier auf die Welt gekommen sind. Als der junge Abdullah Allaoui und ich in dem kleinen Zimmer in dem vom Krieg durchgeschüttelten Ort in Tal Refaat, in Syrien auf halber Strecke zwischen dem 70 000-Einwohner-Ort Azaz und der 2-Millionen-Stadt Aleppo ankommen, fragt mich der blutjunge Abdullah, ob es mich störe, wenn er jetzt sein Gebet verrichtet. Was für eine Frage, denke ich.

Aber er hat ja recht, wir Christen beten ja kaum noch. Wo habe ich mal jemanden beten gesehen? Da muss ich schon lange nachdenken. Ich sehe manchmal im Fernsehen einen Fußballer sein Kreuz machen, wenn er ein Tor geschossen hat. Podolsky, Klose und Co. bekreuzigen sich aus Dank, dass ihnen das jetzt gelungen ist.

Nein, wir haben das Gebet als ein Quelle der täglichen Erneuerung verlernt, wir Christen. Wie gut, dass es noch so einen Bischof wie Franz Kamphaus gibt, der uns das in die Erinnerung zurückruft. Früher noch war der Tag gezeichnet durch verschiedene Gebete: Wir haben morgens, wenn wir aus der unbewussten Zone des Schlafes herauskamen, Gott um seinen Segen für den ganzen Tag gebeten. Wir haben vor dem Frühstück gebetet, wir haben nach dem Frühstück gebetet, vor und nach dem Mittagessen wie auch vor und nach dem Abendessen. Heute gibt es da nur das aufgeklärte Lachen, das verschmitzte Lächeln. Ach, der komische Armleuchter betet noch, wie abgeschmackt und ausgelaugt, das tut man doch gar nicht mehr, oder man ist einer von diesen Fanatikern in Jerusalem oder in Saudi Arabien oder in einem Benediktiner-Kloster. Warum haben wir diese Übung vergessen: die *exercitia spiritualia*? Ich glaube, ich habe in meinem Leben nie etwas Herausfordernderes erlebt als die Ignatius-Exerzitien. Davor fürchtet sich der moderne Mensch, wie man sagt, weil er nicht vier Wochen ununterbrochen allein mit Gott sein kann.

Ich werde für mein Leben die Tage im Noviziat nicht vergessen. Man wird ganz frei, unaufgeschoben nur für etwas zu leben, das sich lohnt. *Non coerceri maximo, contineri tamen a minimo divinum est.* Das heißt auf Deutsch: »Sich vom Größten nicht vergewaltigen zu lassen, aber im Kleinsten einbeschlossen zu sein und zu bleiben, das ist göttlich«. Das haben wir damals auch gelernt. Und da gehört auch eine Portion Zähigkeit hinzu, die ich für die Familie und die humanitäre Arbeit aufgebracht habe.

Ich werde nie aufhören, dieses wunderbare Gleichnis vom Samariter, das aus meiner Feder stammt, zu beten, zu befolgen und zu meditieren. Ich habe es in den furchtbaren Tagen, da wir vom 15. Mai bis zum 3. September 2013 wie wahnsinnig um das Leben unserer drei in Syrien entführten Grünhelme Ziad Nouri, Bernd Blechschmidt und Simon Sauer gebangt haben. Das Gleichnis habe ich neu übersetzt in meine Zeit. Es bleibt mir weiterhin die Richtschnur, an der ich mich auszurichten versuche:

»Ein Mann ging von Jerusalem nach Jericho, dann von Aleppo nach Tal Refaat, dann von Grozny nach Tiflis, dann von Manila nach Arcachon, von Bamako nach Timbuktu und fiel unter die Räuber. Sie zogen ihn aus, schlugen ihn wund und ließen ihn halbtot liegen. Zufällig zog ein UN-Beamter des Weges, sah ihn und ging vorüber: Nicht mein Mandat. Ebenso kam ein Blauhelm vorbei, erkannte, dass seine Richtlinien ihm nicht befahlen zu helfen, und ging vorüber. Ein Samariter aber hatte, als er ihn erblickte, Mitleid mit ihm. Er trat hinzu, versorgte seine Wunden, hob ihn auf sein Reittier und führte ihn in eine Herberge.

Am anderen Tag nahm er einige Syrische Lira (oder Rubel, oder Euro, oder Dollars), gab sie dem Wirt und sprach: ›Sorge für ihn, und so Du etwas darüber hinaus verwendest, will ich bei meinem Wiederkommen bezahlen.‹

Wer von den Dreien war also dem, der unter die Räuber gefallen war, der nächste?

Antwort: ›Der, der ihm geholfen hat‹.«

NICHTS GEHT ÜBER KINDER UND ENKELKINDER: WIR WAREN KEINE HELIKOPTER-ELTERN

DAS GRÖSSTE GLÜCK DER ERDENKINDER ist nach Goethe nicht die Persönlichkeit, das sind die Kinder, und dann die Enkelkinder. Was uns über diese Kinder noch alles im fortgeschrittenen Alter an Lebhaftigkeit, an Leidenschaft, an Neugierde, an Ziellosem, Spiel, an Freude, Lachen, Spaß erreicht, ist ein großes Geschenk. Jedem meiner Mitmenschen und Mitbürger gönne ich das, um auch das Alter besser zu bestehen.

Wir haben jetzt schon vier Enkelkinder, das fünfte ist unterwegs, während ich das schreibe. Im Dezember ist es wahrscheinlich da. Nola ist schon sieben Jahre alt, hat schon eine Zeit in Zimbabwe hinter sich, was ihr Selbstbewusstsein auf Lebenszeit stärken wird. Der Nächste war dann der

Kasimir, ein herrlicher Name, weil für den, der wie ich mal Polnisch gelernt hat, der Wortbestandteil *mir* anzeigt, dass dem Namensträger der Frieden am Herzen liegt.

Ein unglaublich heller Bursche, der jetzt schon telefoniert wie ein Vollprofi. Dann kam Lotte, die Schwester von Nola, die am 1. Februar 2013 geboren wurde und uns allen durch eine fast philosophisch-sokratische Offenheit des Blickes ganz gefangen hält. Sie nimmt jeden erst mal ganz lange wahr, schaut bei einem Fremden meist erst mal zur Mutter Yvonne oder zur Großmutter Gogo hinüber, um sich zu vergewissern, dass alles klar ist. Dann kam am 19. April 2013 in Barcelona der junge strahlende Lucas zur Welt, der jetzt auch schon auf ein Lebensjahr zugeht. Milena Neudeck und Pablo Iveli sind die beiden Eltern, er ist junger Kinderarzt in einer Klinik in dem neuen Katalonien, sie ist Nutznießerin der Entscheidung der Bundesregierung, allen jungen Spaniern, die Deutsch lernen, eine Möglichkeit zu eröffnen, nach Deutschland zu gehen. Sie bekam eine unbefristete Anstellung beim Goethe-Institut in Barcelona. Jetzt warten wir auf den Bruder von Kasimir. Eliot soll er heißen, der in Berlin-Prenzlauer Berg das Licht der Welt, die ersten Tage und Wochen erleben soll.

Aber die Kinder sind gefährdet – durch wen? Durch uns. Durch die Eltern-Generation. Sie sind auch nur noch Kita-Kinder, Kinder, die abgegeben werden, die entweder an Großmütter oder an Kitas in der Umgebung übergeben werden. Und dann mit dem Auto wieder abgeholt werden.

Diese Kinder sind oft Einzelkinder, sie sind in jeder Weise Wohlstandskinder. Sie müssen alles haben, und zwar JETZT, SOFORT. Es gibt keine Grenze mehr, die der unmittelbaren Befriedigung gesetzt ist. Kinder hatten noch nie so viel Taschengeld zur Verfügung. Deshalb entscheiden auch Kinder darüber, wofür auf dem leckeren Markt Milliarden Euro ausgegeben werden. Deshalb sind Kinder, besonders Kleinkinder, Objekte der Werbung geworden. Es gibt mittlerweile den »Kids Verbraucher Analyse Index von 2013«. Die FAZ berichtete darüber: Dieser Studie zufolge »bekommen Kinder im Alter zwischen 6 und 13 Jahren im Durchschnitt 27 bis 56 Euro Taschengeld im Monat. Dazu kommen noch Geldgeschenke in Höhe von statistisch 170 Euro im Jahr. Zum Beispiel zum Geburtstag, zu Ostern, zu Weihnachten oder wenn Oma und Opa mal wieder zu Besuch sind«. Die Kinder verfügen als Marktanteil über ein Vermögen von 5 Milliarden Euro.

Irgendetwas erkaufen wir uns damit als Erwachsene oder als Großeltern?! Aber was? Wahrscheinlich doch, dass wir das Kind schon nicht mehr kindgemäß halten in unserer Wohnung, in unserem Haus. Es wird ja von Anfang an viel zu oft und gern in den Familien ferngesehen.

Auch fehlt jedes Vertrauen in eine übergeordnete und über unseren Küchen- und Familien-, Sippen- und Kita-Bereich hinausgehende barmherzige Macht, eben einen Gott, »der alles so herrlich regieret«, wie es in dem Kirchenlied heißt. Diese Generation erlebt und lernt kaum noch Kirchenlieder, weil sie ja auch nicht mehr mit den Kirchen und

Gottesdiensten zu tun hat, und wenn ja, dann einmal zur Konfirmation oder zur Ersten Heiligen Kommunion – und damit hat es sich dann.

In der kleinen Streitschrift eines Schulmeisters und Schulleiters eines bayerischen Gymnasiums – Titel»Helikopter-Eltern. Schluss mit Förderwahn und Verwöhnung« von Josef Kraus –, gibt es eine einzige Stelle, in der auch nur noch verschämt hingewiesen wird auf etwas, was man früher ein Gebet nannte. Beiläufig ist das die einzige Stelle, in der es überhaupt so eine schüchterne Erwähnung gibt: Es heißt bei dem Oberstudiendirektor Josef Kraus, zur Erziehung gehöre auch ein Verzicht darauf, Dinge ändern zu wollen, die nicht geändert werden können. Und dann kommt diese Stelle, die ich meine:»Das folgende Wort sollte deshalb zu jedem Leitbild von Erziehung gehören«, auch wenn die Herkunft dieses Worts nicht restlos aufgeklärt sei – in Parenthese sagt der Autor:»Es ist im Grunde ein Gebet«:

Herr gib mir die Kraft,
Dinge zu ändern, die ich ändern kann;
Die Gelassenheit, das Unabänderliche zu ertragen,
und die Weisheit, das eine vom anderen
zu unterscheiden.

Nun sagt der moderne Vater, die moderne Mutter, der moderne Lehrer: Da sind wir heraus, wir haben eine säkulare Weltreligion, die ist in unserer Verfassung niedergeschrieben, und in der heißt es: Die Würde des Menschen ist unantastbar.

Der St. Martinstag soll heißen der »Sonne-Mond-und-Sterne-Tag«, damit nur ja keiner dadurch aufgeregt wird, dass da noch etwas Gläubiges, Religiöses hervorlugt. Aber das ist nicht die Würde des Deutschen. Der Deutsche hat ein Menschenrecht zu arbeiten, der Mensch vom Typ »Asylbewerber« nicht. Und wenn wir diesen Wert durchsetzen wollen, müssen wir das Bundesverfassungsgericht beanspruchen, das uns den Weg zwischen der Staatspragmatik und den Werten der Verfassung weisen würde. Und wenn die beiden aufeinanderprallen, dann blamiert sich in aller Regel die Verfassung. Nein, die Selbstverständlichkeit, mit der die Werte uns von Gott gegeben wurden und die als nicht änderbar gelten, dieses Bewusstsein wächst nur durch Religion. Und da wir Menschen sind, müssen wir dem, dem wir das höchste Lob als unserem Schöpfer, Lehrer und Erhalter zuerkennen, auch einmal am Tag das aussprechen und üben. Anders geht es uns verloren.

DAS AUTO – WANN STEIGE ICH ENDLICH AUS?

WIR LEBEN HIER IN EINER GEMEINDE, wo ich das eigene Auto und das imperiale Gefühl, auf der Straße in dieser Blechkiste zu sitzen, nicht mehr haben muss.

In der Kupferstraße haben wir in 18 Häusern 18 Parteien und zugleich 20 Autos. Wir bräuchten wahrscheinlich effektiv nur zwei, die wir abwechselnd nutzen könnten. Wir könnten also Carsharing machen. Aber wir haben 20!

Ich finde zwar nicht, dass der Besitz eines Autos moralisch zu verurteilen ist. Doch ich finde die Summe der Ansprüche, die wir vor uns hertragen, einfach zu hoch.

Ich empfinde einen gewaltigen Unterschied zwischen den einzelnen Autobahnverkehrsteilnehmern. Die Lkws und Busse soll es geben, aber diese Hunderttausendschaften von kleinen Gehäusen, in denen meist einer alleine sitzt, das ist ein unanständiger Skandal.

In meiner Gemeinde brauche ich kein Auto mehr, ich komme nach Köln besser mit den S-Bahn Linien 12 und 13 als mit dem Auto, in Stauzeiten dreimal so schnell. Auch nach Bonn komme ich allemal besser, bequemer und moderner mit irgendeinem kommunalen Verkehrsbetrieb.

Im Januar 2014 muss ich nach Schneeberg, das ist ein Ort an der Grenze Ostdeutschlands zu Tschechien, im Erzgebirge. Ja, da werde ich lange fahren müssen.

Aber Hand aufs Herz, es gibt gute Gründe für eine Familie mit fünf oder sechs Kindern, die in den Urlaub fahren will und das Auto nimmt. Die Fahrt ist dann wirklich viel billiger.

Aber heute fährt jeder am Tag einmal zum Shoppen, zum Besuch bei Tante Emma, die kleinen Einzelkinder werden alle im Auto durch den brandgefährlichen und gefährdenden Menschenverkehr abgeholt und hingefahren.

Nein, mein Entschluss stand schon 1985 fest, damals habe ich das Auto zu Hause gelassen, auch aus Ärger und dem Nicht-ertragen-Können des täglichen Staus, der auf der Brücke vom sibirischen Troisdorf in das französisierend-zivilisierte Raderberg bestand. Dann habe ich das Auto aufgegeben. Fuhr mit dem Zug zum Kölner HBF, unterhalb des altehrwürdigen Doms stieg ich in den Bus und hatte zwar zwei- bis dreimal so viel Zeit verbraucht wie in der eigenen Blechkiste, aber ich konnte meinen Kindern stolz imponieren. Ich redete nicht nur über Ökologie, ich tat auch was dafür. Kurz, ich hoffe, wir können uns einigen: Ab dem 14. Mai 2014 ist das Auto, das dann noch in unserer Garage steht, ein Auto für Christel Neudeck, für Besucher, die mal schnell nach Bonn müssen, oder für uns beide, wenn uns mal die Lust anfällt, einfach mal blauzumachen, einen Tag dranzugeben, Picknick zu machen im Grünen. Entweder mit dem Auto oder dem Fahrrad. Später nur noch mit dem Fahrrad.

WENN CHRISTEL UND RUPERT MAL URLAUB MACHEN...

... DANN SETZEN SIE SICH AM LIEBSTEN AUFS FAHRRAD und fahren einfach los. Das ist für uns der Inbegriff von Ferienmachen. Losfahren ohne zu fragen. Losradeln, ohne groß die Route klarzumachen. Losfahren ohne Navi. Losfahren, ohne zu wissen, wo wir uns heute Abend niederlassen.

Ja, ganz so zünftig wie vor dreißig oder vierzig Jahren sind wir nicht mehr. Wir haben uns als jung Verheiratete noch in einem Zelt nach Nordfrankreich in die Normandie begeben. Allerdings waren wir da mit dem Auto und haben da gezeltet. Das geht in unserem Alter nicht mehr ganz so einfach. Also lassen wir es sein.

Aber die Natur zu genießen, die Flüsse entlangzufahren in den verschiedenen Flusslandschaften Deutschlands, das ist, liebe Freunde, ein Hochgenuss. An der Mosel fährt man und sieht nach jeder Flussbiegung wieder eine neue Burg – einfach herrlich. Wenn das Wetter dann noch mitspielt, es nicht ganz zu heiß ist – was in Deutschland ja nur selten geschieht, dann ist das die schönste und erholsamste Form des Regenerierens, die man sich vorstellen kann. Dann sitzt man in Bergzabern in einem kleinen Hotel am Abend, die Beine und die Waden singen, und man hat das Gefühl, das waren Exerzitien für unsereinen, der sowieso zu viel an seinem Schreibtisch hockt.

Andere Strecken: Die Loire, die Schlösser der Loire. Paris und die Radfahrer.

Wir haben uns nach dem Alptraum der Entführung unserer drei Mitarbeiter in Syrien vom 15. Mai bis zum 3. September 2013 eine Auszeit von genau sieben Tagen gegönnt. Wir versuchten abzuschalten, und das ist am einfachsten, wenn man eine anheimelnde aber andere Welt, Kultur, Sprache vorfindet. Frankreich ist für uns Deutsche immer eine gute Welt, um einen anderen Wind zu spüren.

Zwar geht das Spezifische von *la douce France* auch etwas verloren. Es ist nicht mehr so, dass man in der Metro in Paris unter der Erde niemanden auf Englisch ansprechen kann. Man darf das, und es gibt auch immer jemanden, der einem französisch antworten kann.

Die Radfahrer erobern sich einiges in Europa. Ich war total überrascht, wie sich zum Beispiel mein Paris, die schönste Stadt der Welt, verändert hat. Christel und ich waren drei

Stunden zwischen Gare Montparnasse und Gare du Nord
unterwegs und konnten uns um den Gare du Nord herum
die Stadtstruktur gut ansehen. Und was sahen unsere ent-
zündeten Augen? Überall Fahrradwege an den Rändern der
Autostraßen und auch viele Radfahrer, die diese Fahrwege
mit Herzenslust ausnutzten. Wie schön doch Zufallsbe-
kanntschaften sind: Wir treffen im Zug eine junge Chinesin, das heißt, bei unserer Vorliebe für Vietnamesen kann es
auch eine Vietnamesin sein, vielleicht auch Japanerin? Wir
sind unsicher, aber diese junge Frau setzt sich uns gegenüber, macht ihren Laptop auf, und nach der Kartenkontrol-
le kommen wir kurz ins Gespräch. Sie hat diesen Charme
der Süd-Ostasiatinnen, den alle Vietnamesinnen und Chi-
nesinnen haben, die Männer auch, aber nicht annähernd
so wie die Frauen. Sie ist auf dem Weg nach Frankreich zu
einer Tagung, wo sie dolmetschen muss. Der Kontrolleur
sagt uns, dass wir die Metro-Karten für die Verbindung von
Paris Gare du Nord nach Paris Gare Montparnasse auch
im Bistro – also im Restaurant des Thalys kaufen können.
Eine Karte kostet nur drei Euro. Die junge Chinesin, nie
zergrübelt, immer offenes Gesicht mit einem Anflug von
Fröhlichkeit, kauft sich die Karte nicht, weil sie die gebore-
ne Sparsame ist: Als wir dann später unterirdisch vom Gare
du Nord zur Metro Station Nr. 4 nach Montparnasse gehen,
holt sie sich eine Metrokarte für 1,70 Euro. Wir sitzen zusammen, kommen in der Metro mit einer jungen Franzö-
sin ins Gespräch, die sofort merkt, dass die Chinesin und
Christel nicht französisch verstehen, und wechselt gleich

ins Englische. Das haben wir die Tage immer wieder erlebt, dass selbst die auf ihre schöne Sprache so stolzen und eifersüchtigen Franzosen dann doch auch auf die Weltsprache Englisch umsteigen, das war vor fünfzig Jahren (oder genauer vor 58 Jahren) noch nicht so, als wir vom Fichte-Gymnasium nach Fontainebleau zogen, zu unserer Partnerschule, und dort erlebten, dass es keinen Ausweg aus dem Dilemma gab: Man musste Französisch lernen.

Wir verabschieden uns im Bahnhof Montparnasse, trinken noch einen Kaffee, Christel eine Cola, sie schrieb mir ihren superkurzen Namen ins Buch »Li Nao«. Sie lebt in Esslingen, fährt eine halbe Stunde vor uns weiter nach Arcachon, sie muss in Avignon noch mal umsteigen.

Wir fahren weiter und kommen in Tours an und suchen den herrlichen Boulevard Heurteloup. Heurteloup soll ein Chirurg gewesen sein. Wir bekommen im Hotel Mirabeau ein wunderbares großzügiges Zimmer, ohne diesen verrückten elektronischen Schlüssel, ohne modisches Schnickschnack, wie Batterien von kleinen Schnapsflaschen in der eigens dafür eingerichteten Minibar. Und dann heißt das Hotel auch noch Mirabeau!

Nach zwei Tagen reisen wir weiter, weil in diesem herrlichen Städtchen an der Loire ein frankreichweiter Kongress über *Sante Publique* stattfindet. Also mieten wir uns zwei Fahrräder französischer Bauart, die für Deutsche – wie uns schon gesagt wird – lebensgefährlich sind, weil sie keine Rücktritts-Bremse, sondern nur die Handbremse vorne am Lenker für die beiden Reifen habe.

Da der normale deutsche Radfahrer die Rücktrittsbremse gewohnt ist, kann er da in einem träumerisch-unbedachten Moment sein blaues Wunder erleben.

Wir fahren an der Loire entlang aufwärts nach Amboise. Eine traumhaft schöne Strecke. Radfahrer bilden eine eigene Menschheit für sich. Sie sind ökologisch bewusste Menschen und grüßen sich als Verschworene gegen die Autofahrer um sie herum, so auch an diesem Morgen. Traumhaft ist die Strecke, traumhaft schön das Wetter, wir fahren nur durch Felder, Augen, Uferböschungen, ohne irgendeinem Dampf- oder Benzinesel ausweichen zu müssen.

Wir kommen nach Amboise, eine wunderbare kleine Stadt an beiden Seiten der Lore, mieten uns für eine Nacht ein Zimmer im herrlichen verwinkelten Hotel La Blason, fahren am nächsten Tag noch einmal weiter.

So und ähnlich sehen wir aus, wenn wir Urlaub machen. Wer uns also ein Geschenk machen will, der kann uns zwei Packtaschen besorgen.

JUNG-ALT SEIN

Ich ertappe mich manchmal dabei, dass ich bei Veranstaltungen oder Gottesdiensten bei magerem Besucherandrang dazu komme zu sagen: Mein Gott, bin ich denn der einzige Jüngere hier, und alle sind Greise und greisenhaft?

Ich weiß nicht, woher das kommt. Aber ich richte mich nicht im Alter ein. Solange wir noch auf dem Fahrrad Urlaub machen können, bin ich zufrieden.

Und ich singe innerlich mit immer größerer Freude:

»Wer nur den lieben Gott lässt walten und hoffet auf ihn allezeit.«

Solange ich weiter mein tägliches Jogging machen kann, ebenfalls.

Und ich muss dann an das wunderbare Gedicht von Schiller denken: »Das Leben ist der Güter höchstes nicht.«

Und ich fühle mich immer wieder, wenn ich die »Ode an
die Freude« höre, jugendlich, ja, jung:

> *Wem der große Wurf gelungen*
> *Eines Freundes Freund zu sein;*
> *Wer ein holdes Weib errungen,*
> *Mische seinen Jubel ein!*
> *Ja – wer auch nur eine Seele*
> *Sein nennt auf dem Erdenrund*
> *Und wer nie gekonnt, der stehle*
> *Weinend sich aus diesem Bund.*

Und noch einmal diesen wunderbaren Vers:
»Wer nur den lieben Gott lässt walten, und hoffet auf
ihn allezeit.«

SONST SIND WIR JA NUR WASCHLAPPEN (RÖMER 12,21)

WIR DEUTSCHEN – auch wenn wir ganz jung und nach dem Mauerfall geboren sind, haben noch die letzten Seelenflecken unserer Vergangenheit mitzutragen. Damit wir sie loswerden, muss eine Radikalität weiter offen und klar gefordert sein.

Wenn Menschen gefoltert, geschlagen, diskriminiert werden, und ich kann unmittelbar oder mittelbar dagegen etwas tun, dann muss ich zu mehr bereit sein, als unsere ordentliche bürgerliche Ordnung bereit ist zuzulassen.

Die Hälfte der Welt sollen wir gar nicht sehen, vielleicht ist es schon mehr als die Hälfte, denn da gibt es die Reisewarnungen des Auswärtigen Amtes.

Mut ist gefragt, wir sind alle aufgefordert, nicht mehr feige zu sein.

Bei der Entführungsgeschichte hat mir eine Syrerin den radikalen Satz, der uns in den Bauch tritt, mitgegeben, der ihr auch mal geschenkt wurde, Römer 12,21:
»Lass dich nicht vom Bösen überwinden, sondern überwinde das Böse mit Gutem!«

Der Satz aus dem Römerbrief befiehlt Tapferkeit. Auch wenn alles zu Ende zu gehen scheint, muss ich von meinem Gegenüber etwas lernen können. Das ist die Botschaft des Satzes aus dem Römer-Brief. Wir bekamen einen neuen Ansatz über den Freund eines der Entführten.

Das radikale Leben beginnt mit der Einsicht, dass alles zu ändern ist, wenn wir uns ändern.
Wenn wir nicht bereit sind, uns zu ändern, werden wir auch die Gesellschaft um uns nicht verändern.
Es gibt sehr wohl ein richtiges Leben im falschen. Weil das falsche so falsch auch nicht ist. Immer wenn man kratzt, erlebt man etwas anderes.
Das ist die falsche Welt und das falsche Leben, das nirgendwohin führt.
Aber es gibt so viele gute Menschen, die ich in den letzten 34 Jahren erlebt habe, die dafür gesorgt haben, dass ich nicht an der Welt verzweifelt bin.

Man muss sich immer Vorbilder nehmen. Als ich mich wegen des Völkermords 1994 Ende April und Anfang Mai 1994 nach Ruanda aufmachte, war dort das Morden noch in vollem Gange. Man konnte den Verwesungsgeruch der Leichen noch mit der Nase einatmen. Damals habe ich einen Tritt in den Bauch bekommen, den ich nie vergessen werde. Wir beharren immer auf unserer Gesundheit.

WAS ICH NICHT MEHR
SCHAFFEN WERDE!

Ich hatte damals gedacht, das müsste man ganz einfach schaffen: obwohl ich als kleines Kind den Film »Die Kinder von Maramara« gesehen hatte. Es war einer meiner ersten Filme, die ich als Schüler zu sehen bekam. Mein Vater sagte mir mal, er würde mit mir irgendwohin gehen, und dann war es das einzige Kino in der kleinen Stadt Schwerte an der Ruhr. Da es noch nichts anderes gab – kein Fernsehen, kein Internet, kein iPod, kein Notebook, kein Handy – war das Anschauen eines Kinofilmes etwas Großartiges. Diesen Eindruck kann man den nachwachsenden Generationen kaum noch vermitteln. In diesem Film aßen einige nach der Sitte australischer Ureinwohner Regenwürmer, ließen sie von oben zwischen die Zähne gleiten und aßen sie mit knackendem Behagen genüsslich auf.

Daran – dachte ich dann in den 60er-Jahren – brauche ich mir kein Beispiel zu nehmen. Aber grundsätzlich – ich weiß nicht mal, ob mir das anfangs schon klar war – geht man als engagierter Weltbürger in alle Ecken der damals sogenannten Dritten Welt und teilt die Lebensbedingungen der Menschen, dachte ich. Die direkte Teilnahme an der Lebensweise anderer Kulturen schien mir ganz sinnvoll und ganz einfach durchzuziehen zu sein.

Aber als ich dann zwanzig Jahre später selbst jemand war, der Vorbild sein sollte, versagte ich ziemlich jämmerlich. Denn ich brauchte in der Regel noch etwas von dem, was wir zusätzlich zu dem Essen der Einheimischen brauchten. »Wat der Bauer nicht kennt, dat frät er nit«, so hatte ich in irgendeinem Idiom mal gehört. Und so ganz falsch schien dieser Gemeinspruch nicht zu sein.

Als ich in Uganda das erste Mal lokales selbstgebrautes Bier im Luwero Triangel angeboten bekam, sah das aus wie eine schmutzige Brühe, wie man sie von stehenden Teichen und Gewässern her kennt. Alles an diesem Bier sah unrein, unsauber und nicht hygienisch aus. Aber das war wohl nur ein Vorurteil, denn niemand von denen, die davon tranken, wurde davon krank.

Und auch das Essen war so, dass mein Vorsorge- und Rückversicherungsinstinkt mich immer bewog, alles Mögliche, zum Beispiel diese tollen Müsli-Riegel, mitzunehmen.

Auch geschmierte Butterbrote hatte ich in meinem Rucksack, vorgeblich, um mich an das einheimische Essen zu gewöhnen.

Gar nicht gewöhnen konnte ich mich an die Form des gemeinsamen Essens in einem Tukull (Sudan) oder einem Kral (Somalia) oder einer Hütte, denn da saßen sie alle, wuschen sich brav die Hände und nahmen mit der sauberen schwarzen Hand den Reis, rieben ihn und drehten ihn in der Handfläche so lange, bis er zu einem gut zu schluckenden und verzehrenden Bällchen wurde, und aßen, was das Zeug hielt.

Die großen starken schwarzen Gestalten um mich oder uns herum hatten auch gar nicht viel Zeit, sich über die Ästhetik oder das Design dessen zu erregen, was da auf einem kleinen Tuch auf dem Boden ausgebreitet worden war. Sie mussten in vergleichsweise kurzer Zeit die nur seltenen Mahlzeiten ausgleichen, indem sie viel aßen.

Ich habe immer darauf bestanden, irgendetwas, und wenn es ein dreckiger Löffel war, zu bekommen, damit ich in meinem europäischen Trott etwas in der gepflegten Art zu mir nahm.

Nein, bewusst hätte ich das natürlich lebhaft und entschieden abgelehnt, aber es wäre mir dennoch so herausgerutscht, wenn ich mit der Frau des Botschafters in Äthiopien zusammengesessen hätte.

Nein, ich habe das selten geschafft. Oft musste ich passen.

Manchmal wurde mir allein vom Anblick so übel – so auch als jemandem von uns die Augen einer geschlachteten Kuh angeboten wurden, das gilt nämlich als eine große Ehre und wird dem gewährt, der mit besonderem Mut ausgezeichnet wird. Da habe ich wieder versagt. Ich war geradezu in Panik.

Ich lernte jemanden kennen, der ein solcher wunderbarer Peace-Corps-Naturbursche war. Während einer der Reisen in die Nuba-Berge machte ich die Bekanntschaft von Tomo Kriznar, einem Slowenen. Ich weiß nicht mehr das Jahr, den Tag und die Stunde, aber es wird 1997 oder 1998 gewesen sein. Da lernte ich ihn an zwei Abenden im Camp von Lokichokio kennen, er erzählte viel und lang. Aber nicht eigentlich seine Heldentaten, die erfuhr ich später. Nicht einmal von ihm.

Es war jemand, der wirklich einfach versuchte, mit solchen Menschen zusammenzuleben, zum Beispiel mit den Turkana, einem viehtreibenden und auch viehstehlenden wilden Nomadenstamm. Mit dem hatte Tomo Kriznar Tage oder sogar Wochen zusammengelebt und auch von diesem vitamin- und kalorienreichen Getränk aus der Milch und dem Blut der Kamele gelebt.

Das habe ich nie erreicht. Auch sehe ich immer noch uns Europäer, die wir uns schütteln vor irgendwelchen Salaten. Dabei ist das Essen, das ich in Uganda oder Ruanda, in Äthiopien oder im Kongo bekam, immer viel gesünder als das Essen hierzulande. Das vibriert zwar von einer Verpackungs- und Design-Orgie zu der anderen, und auch von der Fantasie, die natürlichen Früchte noch mal so zu bearbeiten und zu konservieren, dass man am Ende von der Natur wenig hat.

Das einfache Essen in der Mensa des NMEC, des Nelson Mandela Educational Center, in Ruanda kann man sehr gut essen, es schmeckt, und es hat genügend Kalorien, und man kann davon keinen Krebs bekommen.

Wir beeilen uns zu Tode!

Mein Wunsch war es immer, eine Hilfsorganisation zu sein, die sich einmal ein Zeitlimit für ihre Aktivitäten setzte und die ihre Mitarbeiter nicht mehr mit dem Flugzeug irgendwohin entsandte, sondern das nur noch mit dem Schiff unternahm.

Da habe ich mir vorgenommen, nie mehr zu fliegen. Aber ich spüre: Jede Versuchung nehme ich wahr. Ich begreife die Versuchung nicht als Versuchung, sondern als Chance, schneller an ein Ziel zu kommen.

Da ruft mich eine Dame von der Bundeszentrale für politische Bildung an und fragt, ob ich am 30. März 2012 für eine Podiumsdiskussion über lokalen Journalismus in Bremerhaven teilnehmen kann. Ja, wie soll ich dorthin kommen, wenn ich am Vortag, am 29. März 2012, eine Vorstellung meines Israel-Palästina-Buches in Heidenheim habe, das nach Auskunft der tapferen Buchhandlung zwischen den beiden größeren Bahnhöfen Aalen und Ulm liegen soll.

Da sage ich flugs der Dame: Ja, das kann ich nur machen, wenn ich von Stuttgart aus fliegen kann. Ja, und das mache ich ja auch nur, weil ich mir wieder groß vorkommen, wenn ich da so wichtig genommen werde, dass man mir einen Flug bezahlen will.

Das wichtig und sich wichtig Nehmen ist wirklich etwas, was ich mein ganzes Leben ja nicht wegbekommen habe. Dass mich die Bundeskanzlerin zu einem Termin einlädt, wo sie ganz allein dort oben sitzt, das ist natürlich ein Ereignis, das nicht spurlos an mir vorübergeht. Dennoch weiß ich: *Vanitas vanitatum.* Ich sollte mich lieber mit den Freunden aus den Kreisen der Grünhelme und der Cap Anamur Gemeinde treffen und zusammenhocken.

Warum kann ich nicht mehr radikal sein und einfach sagen, ab morgen fahre ich kein Auto mehr, oder ab übermorgen fliege ich nicht mehr.

Christel wird weiter Auto fahren, sie fühlt sich so freier, sagt sie.

Wie können wir uns denn als altes Ehepaar noch vorbildlich verhalten? Keine Flugreisen mehr? Kann ich ab 2015 auf Flugreisen verzichten?

Immer wieder nagt es an meiner Bedeutsamkeit, dass ich meine, ich müsste mir den Weg für eine Reise in der Luft in die Vereinigten Staaten oder nach China noch mal offenhalten.

Marathonlauf

Wie gerne würde ich noch den einzigen Marathonlauf mitmachen, auf den ich mich innerlich mein Leben lang gefreut habe, obwohl ich gar nicht gewusst habe, dass es ihn gibt. Erst nach dem Sturz von Präsident Husni Mubarak am 13. Februar 2011 wird das erste Mal der Marathonlauf in einer der betrüblichsten und geschichtsträchtigsten Gegenden der Welt gelaufen: an der Küste des Gaza-Streifens. Dort will ich noch mal mitlaufen. Deshalb mache ich täglich meine fünf Kilometer Jogging um den Rotter See in Troisdorf.

Aber wann werde ich die Gelegenheit dazu haben? Wann wird Israel so vernünftig sein zu begreifen, dass es unendlich viele Freunde in der Welt hat, die sich für das kleine Land begeistern?

Eine Strecke von 42 Kilometern bin ich noch nie gelaufen. Doch für die Freiheit der Palästinenser und für die Gründung des Staates Palästina neben einem Staat Israel muss es doch möglich sein, diesen Lauf zu machen.

DAS VORBILD MEINER
HUMANITÄREN ARBEITSENERGIE:
ALBERT CAMUS

Als Prototypen humanitärer Arbeit, auf die man sich immer wieder beruft, gelten drei Figuren aus Albert Camus' Roman »Die Pest«: der Arzt Dr. Rieux, der Jesuitenpater Paneloux und der windige Journalist Rambert.

Ich las in einem Buch eines US-amerikanischen Wissenschaftlers, William R. Polk (»Aufstände gegen Fremdherrschaft«) einen denkwürdigen Ausspruch: »In Algerien war die Folter ein ›Krebsgeschwür der Demokratie‹ geworden. Selbst ein so gebildeter und kultivierter Schriftsteller wie Albert Camus entschuldigte die Brutalität der Franzosen!«

Das muss ich vorher korrigieren, bevor ich zu meinem Thema komme. Albert Camus hatte vor 1958 vor der gefährlichen Reaktion auf den Terror und die Terroristen gewarnt:

Die Folter (der französischen Militärs) hat vielleicht erlaubt, dreißig Bomben aufzufinden, aber sie hat gleichzeitig fünfzig neue Terroristen auf den Plan geworfen, die auf andere Art und anderswo noch mehr Unschuldige in den Tod schicken werden.

Die dramatischen Warnungen Camus' gingen alle in die Richtung: Wie können wir den Terror und Terrorismus vermeiden oder eindämmen? Jüngst gibt es in Frankreich ein Buch über Camus und den Terrorismus. Von Jean Monneret: »Camus et le Terrorisme«, das dem zu früh verstorbenen Autor wahrscheinlich sehr nahekommt. Camus hat ja nicht nur Frankreichs Regierung, Armee und Eliten vor der falschen Reaktion auf den Terror der FLN gewarnt, er hat sich auch für die andere Widerstandsbewegung von Messali Hadj eingesetzt. Camus' Warnungen waren noch imprägniert von der Hoffnung, dass die eine Million (genau 1,2 Millionen) Algerien-Franzosen, zu denen sich Camus zählte, ihre Heimat nicht verlieren sollten und dass die Algerier die Chance auf ein menschenwürdiges Leben behalten würden. Was man damals auch nicht sagen sollte, denn Frantz Fanon hatte mit seiner Analyse in »Die Verdammten dieser Erde« recht und wurde von Sartre unterstützt. Die Kolonialisten sind weiß und gehören erschossen oder ermordet.

Zu meinen, dass es auch für das heutige Algerien vielleicht besser gewesen wäre, wenn ein großer Teil der Algerien-Franzosen dageblieben wäre, ist naheliegend. Das gilt
auch für die 18 000 Menschen in der jüdischen Gemeinde
in Constantine, die schon kurz nach dem Waffenstillstand
am 19. März 1962 zu einer Schrumpfform von 200 ver-
kleinert wurde. Es gab damals den Mord an dem berühm-
testen Sänger Algeriens, Raymond Leyris, der ebenfalls
zur jüdischen Kommunität gehörte. Er war der Spezialist
der arabisch-andalusischen Musik, des Malouf, und wurde einer der größten Künstler der algerischen Musik. Er
wurde verehrt und angebetet von den Muslimen. Er war
das große Aushängeschild der Koexistenz zwischen Juden
und Muslimen. Am 22. Juni 1961 hat die FLN ihn ermordet und damit die höchst emblematische Repräsentanz
dieser humanen Brüderlichkeit getötet.

Es war dies der erste Konflikt, in den Europa nach 1945
hineingeworfen wurde, in dem klar wurde: Wer nur mit
harten militärischen Attacken auf den Terror reagiert, wird
am Ende alles verlieren. Früher habe ich gezögert, den Satz
von Camus zu ehren und zu respektieren, den er bei der
Nobelpreisveranstaltung in der Stockholmer Universität
gesagt hatte. Ich hatte noch im Studium gedacht, dass sei
ein Satz gewesen, den Camus im Zustand der Erschöpfung
und infolge von zu vielen dummen Journalistenfragen gesagt hatte. Auch Bernard-Henri Lévy hatte das so geglaubt.
Aber man muss immer den ganzen – nicht den halben –
Satz von Camus nehmen.

Camus hatte damals nicht gesagt: »Ich glaube an die Gerechtigkeit, aber ich ziehe meine Mutter der Gerechtigkeit vor.«

Er hatte ganz klar den Terrorismus im Blick, als er wörtlich in der Stockholmer Uni sagte:

»In dieser Stunde, da wir hier miteinander sprechen, wirft man Bomben in die Straßenbahn in Algier. Meine Mutter kann sich in einer dieser Straßenbahnen befinden. Wenn das die Gerechtigkeit ist, dann ziehe ich meine Mutter vor!«

Dieses tatsächliche Zitat ist anders als das erste. Das erste verknappte Zitat wurde damals von dem Korrespondenten der Tageszeitung Le Monde nach Paris berichtet und hat dann Eingang in die Irrungen und Wirrungen um Camus gefunden. Da hieß es dann: Ja klar, da sieht man ja, wo der Franzose Camus steht. Er zieht eine Person zehn Millionen Algeriern vor.

Der junge Algerier Said Kessal – der Camus in der Universitätsaula damals diese Frage stellte – hat später als erwachsener älterer Mann Blumen am Grab von Camus in Lourmarin niedergelegt. Said Kessal lebt als Emigrant in Schweden. Er hat in einem Interview gesagt, dass er nichts von Camus gelesen hatte. Erst später sei ihm aufgegangen, dass er nicht richtig lag in seiner polemischen Frage. Als Kabyle hatte er eine Hochachtung später vor ihm, der diese sensationelle und die ganze Kolonialautorität in Frage stellende Reportageserie geschrieben hatte: »La Misere dans la Kabylie« (Das Elend in der Kabylei).

Camus wurde der große Prophet des Anti-Totalitären, der in einer Zeit der Finsternis und der Kompromisse den Wert der Freiheit und Menschlichkeit aufgezeigt hat, auch und gerade gegen beide Totalitarismen – den Faschismus, der noch frech in Spanien sein Haupt erhob, und den Bolschewismus.

Vom ICH zum WIR

Je me révolte, donc NOUS *sommes* (Ich revoltiere, also sind *wir*) ist der Ausgangspunkt aller humanitären Aktionen gewesen, in Kriegs-, Bürgerkriegs-, Umwelt- und Naturkatastrophen. Man protestiert dagegen, dass Menschen aufgrund ihrer Geburt und ihrer Geographie einfach von vornherein schlechter gestellt sind als andere in unserer westlich zivilisierten Welt.

Je me révolte, donc NOUS *sommes*, ist natürlich eine große Herausforderung für uns westliche Individuen und Individualisten, die wir uns ganz mühselig und nur schwerfällig in die kollektive Bewegung einreihen. »Dans la révolte, l'homme se dépasse en autrui« (In der Revolte übersteigt sich der Mensch zum anderen).[11] Das Bestehen von Camus auf dem Glück, *le bonheur*, hat eine entscheidende Distanz zu dem Denken von Jean-Paul Sartre. In »Materialismus und Revolution« hatte Sartre erklärt, Glück gebe es nur, wenn es »empfunden und erfahren« werde. Glück sei wesensmäßig »Subjektivität«.

Die Humanitäre Bewegung ist mehr als der alte Gesinnungs-Pazifismus

Die humanitäre Bewegung ist mehr als der alte hölzerne Pazifismus. Sie ist die Infragestellung des Gesetzes dieser Welt. Und das Gesetz dieser Welt sieht den Mord und das Töten einfach vor. Ganz gleich, in welcher Formation und wie nah der Ausführende an das Gesicht und den Körper des zu Tötenden herankommt. Camus konnte nicht ahnen, wie sich die Waffentechnik der modernen Staaten in die Abstraktion, d.h. in eine Kultur des Drohens und Tötens aus weitester Distanz, verflüchtigen würde. Obwohl immer mehr aus der Distanz heraus gekämpft wird, sind die Mordergebnisse genau so schmerzlich und blutig. Es wird nach wie vor geschrien und geweint.

In Tampa, Florida, sitzen die modernen Piloten der Tod und Zerstörung und Mord bringenden Drohnen, die aus einem gut beheizten Büro in der Halle der US-Air Force gelenkt werden.

Humanitäre Arbeit beginnt mit dem Protest und der Absage an Mord und Terror, auch an die Todesstrafe und die Atombombe. Zum Schluss des Romans »Die Pest« gibt es eine wichtige Unterredung zwischen Dr. Rieux und Tarrou. Aus dem Wohlstand kommend – so berichtet Tarrou – habe er mit achtzehn die Armut kennengelernt: »Was mich interessierte, war die Todesstrafe.« Tarrous Vater war *avocat général*, Staatsanwalt, und hatte ihn in eine Gerichtssitzung mitgenommen, in der auch Todesurteile gesprochen wurden. »Haben Sie gesehen« – heißt es in der »Pest«, »wie ein Mensch erschossen wird? Natürlich nicht, denn das geschieht in der Regel auf Einladung, und das Publikum wird vorher ausgesucht. Wissen Sie«, sagt Tarrou, »dass die Schützen aus ganz kurzer Entfernung auf die Herzgegend zielen und dort mit ihren großen Kugeln ein großes Loch reißen? In das man die Faust stecken könnte!«

Tarrou macht ein Wortspiel, er spricht davon, dass er in einer Gesellschaft, in der befohlene Morde an der Tagesordnung sind, ein Verpesteter sei (un pestiféré). Er sei in all diesen Jahren ein Verpesteter gewesen, obwohl er doch glaubte, mit allen Kräften gegen die Pest zu kämpfen. Er habe, so sagt Tarrou, weiter indirekt das Todesurteil von Tausenden unterschrieben und diesen Tod sogar verursacht.

»Wir sind alle Sonderfälle!«

Er – Tarrou, der Assistent von Dr. Rieux – hat sich gegen das Verurteilen entschieden, gegen die roten Roben, gegen die Vorstellung, dass nur die anderen schuldig und wir unschuldig sind. Diese Stelle sei auch schon eine Vorausschau auf diese demaskierende Vorstellung von Unschuld als Ausnahme. Wie Camus das in seiner wunderbaren betörend sarkastischen Erzählung »Der Fall« einen jungen Franzosen sagen lässt, der in einem KZ auftaucht und dem Wachsoldaten zuruft, er müsse da nicht hinein, denn: »Halt, ich bin ein Sonderfall. Ich bin nämlich unschuldig!«

Die Individual- wie die Kollektivscham
als Motiv für die Humanitären

Und dann entdecke ich hier schon die Aufteilung der Arbeiten zwischen den Regierungen und den sogenannten Nicht-Regierungsaktivitäten. Da war die Rote Eule, Synonym für den Staat, bei dem verpestete Münder einem Mann in Ketten verkünden, dass er gleich sterben werde. Dann aber gibt es den Auftrag an die NGO-Arbeit: »Meine Sache war das Loch in der Brust.« *Le refus*, der Widerstand ist immer angesagt, und ein wenig mehr Mut, als wir ihn jetzt aufweisen. »Dass ich mich« – noch mal Tarrou – »für meinen Teil weigern würde, dieser ekelhaften Schlachterei, eine einzige, nur eine einzige Rechtfertigung zu geben.« Tarrou: »Seit langer Zeit schäme ich mich.«

Und die Scham ist eine erschütternd große Kraft. Theodor Heuss sprach nach 1949 viel von der Kollektiv-Scham, die wir alle empfinden sollten, Tarrou sagt: »Ich schäme mich, schäme mich tödlich, dass auch ich, wenn auch nur von ferne, wenn auch nur aus einer guten Gesinnung, ein Mörder gewesen bin.« So war es in Afghanistan, so vorher im Irak, so in Kambodscha, so auch in Ruanda, so in Syrien, so wird es vielleicht morgen in einem neuen Krieg sein.

Tarrou sei hier noch einmal zitiert, gleichsam als der Chefideologe der NGOs:

Ich schäme mich, dass auch ich, wenn auch nur von
ferne, ein Mörder gewesen bin. Mit der Zeit habe ich

festgestellt, dass selbst die, die besser sind als andere,
heute nicht umhin können, zu töten und töten zu
lassen, weil es in der Logik liegt, in der sie leben, und
dass wir in dieser Welt keine Bewegung machen
können, ohne Gefahr zu laufen, zu töten.

Tarrou steigert das in Bezug auf die Pest, die nur mit einer anarchistischen Bewegung bekämpft werden kann. »Ich habe mich weiter geschämt, denn wir sind alle im Zustand der Pest. Ich habe den Frieden verloren. Ich suche ihn noch heute. Indem ich versuche, alle zu verstehen und niemandes Todfeind zu sein.«

Was die Menschen erleichtern kann, ist, sich einander so wenig Böses wie möglich zuzufügen, ja sogar ein wenig Gutes. Und dann sind wir wieder bei der humanitären Arbeit. Und wieder der Chefphilosoph der humanitären Arbeit Tarrou: »Deshalb habe ich beschlossen, alles abzulehnen, was von nah oder fern tötet oder rechtfertigt, dass getötet wird«.

Die »Pest« berichtet von den Grunderfahrungen des Glücks und von der Behinderung dieser Erfahrung durch eine Seuche. Der Zustand der Verhinderung des Glücks heißt bei Camus *la séparation* (Trennung). Die durch die Pest Getrennten haben »ihr seltsames Vorrecht eingebüßt, das sie im Anfang bewahrten. Während die glücklich Liebenden vorher zu erkennen waren, sehen sie jetzt »ganz gewöhnlich aus, einfach wie alle Leute«. Der Grund für diese Gleichheit liegt darin, dass die Krankheit allen Menschen die Zukunftsperspektive verbaut, mit Ausnahme derjenigen, die »Heilige ohne Gott« oder bescheidener »Menschen« sein wollen.

Salut oder SANTE

In der »Pest« gibt es den Priester, der auch noch ein Jesuit ist, der am Anfang ganz im Sinne der mit Pater Leppich formulierten Drohbotschaft sagt: »Meine Brüder, ihr seid im Unglück, meine Brüder, ihr habt es verdient!« So einfach kann man es sich machen, aber das stört Dr. Rieux nicht, der gezeichnet wird als heroisch Unheroischer. Nicht das Salut, das Heil, strebt er an, sondern das Heilen. Er meint, es müsse sogar nicht das totale Wissen da sein, es muss auch kein Computertomograph da sein, wichtig ist nur das Heilen. »Pas savoir, guérir!«

»Le salut d'un homme, c'est un trop grand mot pour moi. Je ne vais pas si loin. C'est sa santé qui m'interesse, sa santé d'abord.« (Das Heil eines Menschen, das ist ein zu großes Wort für mich. Ich gehe nicht so weit. Es ist seine Gesundheit, die mich interessiert, seine Gesundheit an allererster Stelle.)

Darin wird die solidarische Grundlage aller, von Gläubigen und Ungläubigen deutlich, von Christen und Laizisten, von Muslimen und Säkularen, die alle nicht in einer Kirche leben, sondern in der konkreten Lage der Pest, in der sie aufgerufen sind, etwas für ihresgleichen, für das Leben der Mitmenschen zu tun.

Ersatz-Salut

Camus hatte vorausgeahnt, dass die humanitäre Bewegung für viele in Europa eine Art säkularer Kirchen- und Religionsersatz geworden ist, wo die Mehrheit derer, die ihre frömmsten Stunden nicht mehr in der Kirche verbracht haben, ihre eigene parareligiöse Heimat sehen: »Heilige ohne Gott« zu werden, als bescheideneres Programm als es die großen Religionen mit ihren Märtyrern planen. Rieux und der Jesuit Paneloux können sich einigen, weil sie ihre Unterschiede bei diesem humanitären Kampf beiseitelassen müssen: »Was ich hasse, das ist der Tod und das Übel. Das wissen Sie sehr gut. Und ob Sie das nun wollen oder nicht, wir sind in einem Boot, um sie zu erleiden und zu bekämpfen«. Und Rieux hat eine Handlungsanweisung, die der gesamten Tarif- und Versicherungsordnung in europäischen Staaten widerspricht. Auch den Hundertschaften und Ambulanz-Einheiten der UNO, die alle arbeitsteilige Mandate mit sich führen, die ihnen immer wieder hilfreich belegen, dass sie nicht zuständig sind. Überhaupt, was für eine Erholung, ein Buch wie »Die Pest« zu lesen, in dem weder die Worte »zuständig« noch »nachhaltig« vorkommen.

Dann kommt Rieux ins Gespräch mit dem windigen Journalisten Rambert, den er immerhin durch sein Vorbild abgehalten hat, illegal die verseuchte Stadt zu verlassen und der Verpflichtung zu folgen, die nur eine moralische, aber keine arbeitsrechtliche ist. Da kommt Rieux auf das Fun-

damentalprinzip der humanitären Arbeit: Man darf sich
nie auf das bürokratische Prinzip einlassen, dass man über
eine Katastrophe, eine Pest-Epidemie oder Ebola-Seuche
alles wissen muss, bevor man aktiv wird: »Ah Rieux, on ne
peut pas en meme temps guérir et savoir. Alors guérissons
le plus vite possible. C'est le plus pressé.« (Ach Rieux, man
kann nicht in der gleichen Zeit heilen und wissen. Also,
dann heilen wir so schnell wie möglich. Das ist das, was
gebieterisch verlangt ist.)

Das scheint mir das Samariter-Gleichnis gut abzubil-
den: Es geht nicht nur oder in erster Linie darum, die Bedingungen der Möglichkeit der Hilfestellung zu analysie-
ren, sondern es ist die sofortige Hilfestellung und Pflege des
Menschen gefordert, der da zwischen Aleppo und dem Tal
Refaat unter die Räuber gefallen ist.

Die Schönheit der Natur und der Gerechtigkeit

Die Schönheit der Welt – und die Schöpfung, in der Kinder gemartert werden. Die Revolte richtet sich auch gegen
die Schöpfung, die verantwortlich ist für all das, was Camus
das kosmische Böse nennt. Camus sagt es durch die Figur
des Arztes Dr. Rieux dem Pater Paneloux fast schreiend ins
Gesicht, beim langen Todeskampf eines unschuldigen Kin-
des. »Nein, Pater, ich habe eine andere Vorstellung von der
Liebe. Und ich werde mich bis in den Tod hinein weigern,
die Schöpfung zu lieben, in der Kinder gemartert werden.«

Das ist die Entgegnung zu dem, was der Jesuit Paneloux dem Arzt sagt: Aber vielleicht sollten wir lieben, was wir nicht begreifen können, Auch Tarrou entwickelt eine solche negative Einschätzung der Schöpfung: »Was naturgegeben ist, das sind die Mikroben. Alles Übrige, die Gesundheit, die Rechtlichkeit, ist eine Folge des Willens, und zwar eines Willens, der nie erlahmen darf.«

»C'est ce qui est naturel, c'est le microbe« (Was natürlich ist, das sind die Mikroben).

Es gibt noch einen Fundamentalsatz für die humanitäre Arbeit in der »Pest«: Es sei besser, gegen das menschliche Elend zu kämpfen, »als die Hände zu einem Gott zu erheben, der schweigt«.

Der Kampf gegen diese Pest – die mehr ist als die Pest, die heute Guantanamo und morgen Baghram, heute Aleppo, morgen Timbuktu sein kann – kann morgen auch die Idee sein, wir müssten per *body count* so viele Taliban vernichten wie möglich, dieser Kampf gegen die »injustice eternelle« bleibt eine »unbeendbare Niederlage«.

Oder um es drastischer zu sagen, mit den Worten der Reporterin der New York Times, Charlotta Gall:

Um sich in dieses Gebiet vorzukämpfen und es von aufständischen Taliban zu befreien, wälzten sich die NATO-Truppen durch Obstgärten, rissen Mauern und sogar Häuser nieder und zerstörten Weingärten und Melonenfelder. Sie sind nicht gekommen, um Frieden

zu bringen, sie sind gekommen, um uns zu vernichten,
sagt Haji Abdul Ghafar, 60 Jahre alt, ein Ältester im
Dorfrat von Sperwan.[12]

Die Freiwilligkeit des Kampfes bei der humanitären Arbeit zählt mehr als der Erfolg

Das ist eine der großen Botschaften des Buches. Im Gespräch mit dem Journalisten wird dies ganz deutlich: Niemand muss diese Arbeit tun. Wer sie tut, tut sie absolut freiwillig.

Es gibt drei Gespräche zwischen Rieux und Rambert. Rieux fragt Rambert nach dessen Frau, als der Quelle des individuellen Glücks, um derentwillen Rambert die Stadt verlassen wollte. Rambert meint, wenn er fortginge, müsste er sich schämen. Und das würde ihn in seiner Liebe zu der Wartenden stören.

Darauf Rieux: Das sei Unsinn, man brauche sich nicht zu schämen, wenn man das Glück vorziehe. Dann das zweite Gespräch: Rieux und Tarrou haben erfahren, dass Rambert sich einen illegalen Fluchtweg aus der Stadt heraus sucht. Rambert war im Schmugglerkreis der Polizei aufgefallen. Rieux gab Rambert den Rat, sich zu beeilen. Er würde aber in dem Team der freiwilligen Sanitätskräfte gebraucht.

Jedem Helfer, ob er nach Afghanistan oder Haiti oder in den Kongo geht, wird dieselbe Frage gestellt, wie sie Rambert sich und Rieux stellte. »»Warum hindern sie mich denn

nicht am Weggehen? Sie haben doch die Möglichkeit?‹ Rieux schüttelte den Kopf und sagte, das sei Ramberts Angelegenheit, er habe sich für das Glück entschieden, und er,
Rieux, habe ihm keine Gründe entgegenzusetzen. Er fühlte sich in dieser Sache außerstande zu beurteilen, was gut
und was böse sei.« Rambert erneut: »Und warum raten sie
mir dann, unter diesen Umstände mich zu beeilen?« Rieux
verschmitzt: »Vielleicht habe auch ich Lust, etwas für das
Glück zu tun!«

Rambert sagt dem Arzt, er würde sich schämen, wenn
er jetzt hier verduften würde, wo ja so viel zu tun ist. Und
das würde ihn in der Liebe zu der Daheimgebliebenen stören.

Rieux richtet sich auf und sagt darauf, das sei Blödsinn,
man müsse sich nicht schämen.

»Que cela était stupide et qu'il ´n'avait pas de honte a
préférer le bonheur.« ... Dann kommt der fundamentale
Satz zur Begründung der humanitären Arbeit:

»Qui mais il peut y avoir de la honte à être heureux tout
seul.« (Aber man kann sich schämen allein glücklich zu
sein.)

Das Ende des Neutralitätsgebots

Das humanitärrechtliche Neutralitätsgebot ist eine
Missgeburt des juristischen Denkens. Es versteht sich, dass
man sich nicht in die Armee der »Freien Syrischen Kräfte«

oder der EPLF 1990 in Eritrea hätte einbinden lassen. Klar. Aber weit über und vor diesem nüchternen Neutralitätsgebot liegt das Gebot, nie auf der Seite der Unterdrücker, der Diktatoren, der Apartheid-Herrscher, der Henker zu stehen.

»Die Rechte hat meistens im Namen von Frankreichs Ehre das gebilligt, was dieser Ehre am meisten zuwiderlief. Die Linke hat meistens im Namen der Gerechtigkeit entschuldigt, was jeder wahren Gerechtigkeit ins Gesicht schlug. So hat die Rechte der Linken das Monopol des Moralischen überlassen und diese der Rechten das Monopol des Patriotischen.«

Nie waren die Provincial Reconstruction Teams (PRT) in Afghanistan humanitär. Das war eine Erfindung der westlichen Armeen, nach denen die kleinen bewaffneten Einheiten ausgezeichnet wurden, von denen man dann resignierend sagte: Wenn sie da schon überflüssig und müßig in einer Kaserne herumsitzen, dann sollte man ihnen auch etwas Arbeit geben.

Aber humanitäre Arbeit dürften sie nur ohne Waffen machen.

Die Rote-Kreuz-Moral

Das, was Sartre und sein Schüler Francis Jeanson meinten, mit dem Begriff »Rote-Kreuz-Moral« kritisieren zu können, ist im Grunde der Ehrentitel der Arbeit. Uns kann man nichts Besseres, Schöneres und Leuchtenderes nachsagen, als eine Rote-Kreuz-Moral. Das war damals als Schimpfwort gemeint, entpuppte sich aber als unsere größere Ehre. Es ist für den Humanitären auch völlig gleichgültig, wie das Buch angekommen ist, einmal auf den Märkten der Welt, zumal dann auf dem Jahrmarkt der Rezensenten. Auf dem Buchmarkt ist es wahrscheinlich nach Onkel Toms Hütte das weltweit erfolgreichste Buch, das es in den letzten hundert Jahren gegeben hat. Aber, wie Buber sagt, gilt für solche Geistesprodukte, dass der ökonomische Erfolg etwas anderes als die Wirksamkeit eines Buches ist. Es gibt Fehlurteile, wie das von Walter Heist in einem Band zu Camus: »Durch die Art der Problemstellung: Hier Mensch, hier unfassbare Naturgewalt, werde der Akzent mit Notwendigkeit nicht auf die Wirksamkeit eines grundsätzlichen Kampfes gelegt, sondern auf die moralische Richtigkeit menschlichen Verhaltens. Wider den Willen Camus und wahrscheinlich ohne dass es ihm bewusst ist, geht von dem Buch eine seltsame Lähmung aus.«

Sowohl von dem Roman wie von dem Theaterstück »Die Gerechten« ging eine Wirkung aus, die man nicht hoch genug einschätzen kann. Sie wurden zur Basis der humanitären Bewegung. Ursprünglich war die Figur des barmherzigen Samariters dominierend für die humanitäre Bewegung im christlichen Abendland. Die Bußorden, die Barfußorden, die Franziskaner waren der radikale Ausdruck einer solchen Bewegung. In unserer säkularen und laizistischen Zeit gibt es weiterhin dieses Bedürfnis nach

solchen beispielgebenden Figuren wie Dr. Rieux, das ist das
Bedürfnis nach dem Barfußarzt und Barfußwiderstands-
kämpfer, ohne dass die barfuß gehen müssen.

Die Pest als frontaler Angriff auf die Zuständigen

Nirgends kommen sie vor, weil sie in den Stunden der
Pest und der Not versagen: Der Administrator ist eine trau-
rige Gestalt, der Richter ebenfalls, die Zuständigen alle ins-
gesamt. Nur der Arzt und die Sanitätskommissionen, heute
würden wir sagen, die NROs oder NGOs, sind dabei. Sie
sind in solchen Momenten die Einzigen, die das Richtige,
das einzig Richtige *tun*:

Rieux akzeptiert, warnt aber den überschwänglichen
Helfer Tarrou: Du kannst dabei krepieren. Tun ist gefragt –
nicht Papiere machen und Büros eröffnen. »Pour le moment il y a des malades et il faut les guérir.« (Im Moment
gibt es die Kranken, und wir müssen sie heilen.)

LE FAIT MORAL (Die moralische Tatsache)

Doch lassen wir die Trauer über den absurden Tod von
Camus am 4. Januar 1960 und freuen uns, dass er uns ein
Dokument und andere hinterlassen hat, die die Ethik und

die Ästhetik des humanitären Kampfes gegen das Leiden und die Ungerechtigkeit der *condition humaine* (Bedingung der menschlichen Existenz) begründet hat. Mit der »Pest« und der Reportage-Serie »Das Elend in der Kabylei« hat Camus uns Humanitären ein unwiederbringliches Geschenk gemacht, für das wir bis heute und bis in diese Tage der Erinnerung an seinen Tod am 4. Januar 1960 an der Platane auf dem Weg zwischen Champigny-sur-Yonne und Villeneuve-la-Guyard dankbar sind.

Wie Camus können die Humanitären nur im Herzen unserer Epoche gegen die Machiavellisten und gegen das »Goldene Kalb der Realpolitik« kämpfen.

Jede große humanitäre Aktion ist hineingehalten in die Vergeblichkeit und muss sich gegen die Zumutungen der Realpolitik wehren und hält dennoch das hoch, was Jean-Paul Sartre in seinem Nachruf nennt:

»L'EXISTENCE du FAIT MORAL« (Die Existenz der moralischen Tatsache).

Wie wir alle uns immer wieder klarmachen müssen, wo wir gehen und stehen, von Lampedusa bis Malta, von Grozny bis Aleppo, von Lhasa bis Timbuktu, »il mettait l'acte politique en question« (er stellte die politische Aktion infrage).

Genau das sollten wir immer tun. Nicht im Auftrag der Bundeswehr in Kunduz oder im Kosovo sein, sondern im Auftrag der armen Schlucker.

Und manchmal muss man dann die Schnauze halten und schweigen, so wie Sartre das richtig erkannt hat.

»Déchiré par des contradictions qu'il faut respecter, il avait choisi le silence.« »Zerrissen von den Widersprüchen, hatte er das Schweigen gewählt!«

Diejenigen, die im Kampf sind, um Leiden und Schmerzen anderer Menschen zu lindern, müssen sich in der Schönheit der Natur auch mal etwas gönnen, so wie Tarrou, der Assistent von Dr. Rieux, und dieser selbst sich eine Badestunde gönnen. Sie gehen zum Meer:

Der Mond war aufgegangen. Sie zeigten ihre Papiere dem Wachtposten, der sie lange prüfte.
Sie setzten sich auf die Felsen, dem offenen Meer zugewandt. Das Wasser hob und senkte sich träge. Dieses ruhige Atmen des Meeres ließ Ölschlieren auf der Wasseroberfläche aufscheinen. Vor ihnen lag die grenzenlose Nacht. Rieux, der unter seinen Fingern das körnige Antlitz der Felsen verspürte, war von einem seltsamen Glücksgefühl erfüllt. Als er sich Tarrou zuwandte, erriet er auf dem ruhigen, ernsten Gesicht des Freundes das gleiche Glücksgefühl, das nichts vergisst, nicht einmal das Morden.

Dann stürzen sie sich ins Wasser.

Wieder angezogen, brachen sie auf, ohne ein Wort gesprochen zu haben. Aber ihre Herzen fühlten gleich, und die Erinnerung an diese Nacht war wohltuend für

sie. Als sie von weitem die Pestwache erblickten, wusste
Rieux, dass Tarrou wie er dachte, dass die Krankheit sie
eben vergessen hatte, dass das gut war und dass es jetzt
wieder anzufangen galt.[13]

Camus wäre mit jedem Satz Heinrich Bölls einverstan-
den gewesen, den dieser uns in einer Charta hinterlassen
hat. Böll, der den Humanitären immer wieder zur Seite gestanden hat, hat seine Charta 1984 in Holstebro im Odin
Teatret vorgetragen. In Erinnerung an den zu früh verstorbenen Camus und den ebenfalls zu früh von uns gegange-
nen Heinrich Böll zitiere ich:

Es ist schön, ein hungerndes Kind zu sättigen,
ihm die Tränen zu trocknen,
ihm die Nase zu putzen.
Es ist schön, einen Kranken zu heilen.
Ein Bereich der Ästhetik, den wir noch nicht
entdeckt haben,
ist die Schönheit des Rechts.
Über die Schönheit der Künste, eines Menschen,
der Natur
können wir uns halbwegs einigen.
Aber: Recht und Gerechtigkeit sind auch schön,
w e n n sie vollzogen werden.

Böll und Camus hätten sich gut verstanden.
Ich stellte mir vor, Camus wäre vor zwei Jahren noch

als 98-Jähriger unter uns gewesen und hätte in Frankreich den Film »Des Hommes et des Dieux« gesehen über das schreckliche Verbrechen an den sieben Trappisten-Mönchen in Tibhirine in Algerien. Und er hätte den Trappisten-Arzt sehen und erleben können, der da in dem Ort Tibhirine Dienst tut und auch sich sagt: »Pas Savoir Guerir.« Hätte er vielleicht diesen Arzt als eine Reinkarnation seines Dr. Rieux erfahren? Jedenfalls kann man sich den Trappisten auch zusammen mit dem Arzt Rieux vorstellen. Als Freunde vielleicht.

Und vielleicht wären ihm Zweifel an einem Satz aus seinen Tagebüchern gekommen: »Le Christ n'est pas atteri a Algérie!« (Christus ist nicht in Algerien gelandet!)

LAMPEDUSA, MALTA, SIZILIEN, CEUTA, MELILLA: EINE AUFGABE FÜR JUNGE (UND ÄLTERE) DEUTSCHE

Zum Aufwärmen ein Zitat:

Durch technische Neuerungen und Globalisierung sind die Reichen bisher verschont geblieben, aber wenn wir unsere ökologischen Schulden zurückzahlen müssen, werden wir alle gezwungen sein, uns mit dem Preis unserer Lebensweise auseinanderzusetzen. Der 2006 veröffentlichte Stern-Bericht über die wirtschaftlichen Folgen des Klimawandels schätzt, dass es bis 2040 rund zweihundert Millionen Klimaflüchtlinge geben könnte.

*Schon heute sehen wir sie in den Flüchtlingswellen, die
wegen Trockenheit, Hungersnot, Überschwemmungen
und Verzweiflung aus Regionen wie Somalia, Sudan
und Pakistan über Europa hereinbrechen.
Nach den Schätzungen gab es in den 1990er Jahren bereits 25 Millionen Umweltflüchtlinge; bis 2010 rechnete
man mit einer Verdoppelung dieser Zahl.*[14]

Das vorliegende Papier ist in einer Schrumpfform bei
Abgeordneten des Bundestages herumgegangen (u.a. bei
Norbert Röttgen, Volkmar Klein, Günter Krings, Elisabeth
Winkelmeier-Becker), es ist hier und dort diskutiert wor-
den. Ich bin in einigen Wohnheimen von Kolping gewesen.

Das Problem ist dasselbe geblieben, vielleicht mit stär-
kerem Rückenwind aus Afrika. Man spricht von 18 Millionen jungen Afrikanern, die auf Gedeih und Verderb für
sich selbst und ihre Familien etwas in dem gelobten Kontinent Europa erreichen wollen.

Ich habe mir die Lage in einigen Ländern angesehen,
die jungen Menschen sind keine Wirtschaftsflüchtlinge, sie
wollen nur das Recht für sich beanspruchen, für sich eine
bessere Perspektive, eine bessere Ausbildung und einen
besseren Arbeitsplatz herauszuschinden. Überall habe ich
Menschen getroffen, ohne irgendein Gepäck, die auf den
Straßen und Pisten unterwegs zu einem Hafen waren.

In Lampedusa war ich 2010, in Malta vom 24. bis 28.
November 2013, um mir die Lager der angelandeten 2008
Migranten und Flüchtlinge anzusehen. Überall gieren die-

se jungen Menschen nach einer Berufsausbildung, aber sie bekommen sie in der Regel nicht.

Bisher bestand unsere Politik, aber auch unsere innere Haltung, im Abschotten. Spanier, Italiener, sollen hier hereinkommen, *Neger* besser nicht.

Diese Haltung sollten wir brechen.

Die Interessenlage

Die Berufsausbildung von einigen jungen Afrikanern könnte für die deutsche Marktlage von großem Interesse sein. Deshalb gebietet sich die Notwendigkeit einer Zusammenarbeit mit der Deutschen Wirtschaft und den deutschen Industrie- und Handelskammern. Das Projekt muss durchschaubar sein als eine Win-win-Situation für uns Deutsche, aber auch für die Bevölkerung des jeweiligen afrikanischen Landes.

Das Spannendste wäre, wir könnten erreichen, dass diese 200–300 jungen Ghanaer (oder Tansanier oder Ugander) vorher Deutsch lernen, sodass sie gleich in die Ausbildungs- und Arbeitsprozesse hineinspringen könnten. Wenn das gelingt, ist die Hälfte des Erfolges fast schon garantiert.

Deshalb muss man immer wieder prüfen, ob man aus visumsrechtlichen Gründen mit einem oder mehreren afrikanischen Ländern zusammenarbeitet.

Wie könnte man den Berufsausbildungsunterricht hierzulande für die jungen Afrikaner gestalten? Er muss sich
eher an den Bedingungen ihres Landes orientieren als an
denen eines europäischen Landes.

Wir wollen mit einem Land, in dem es eine christliche
Kirche gibt, und das an der west- , ost- oder nordafrikani-
schen Küste liegt, Tansania oder Ghana, eine Vereinbarung
über die berufliche Ausbildung von bis zu 300 jungen Leuten machen, die nach zwei Jahren wieder in ihr Land zu-
rückgehen.

Zwei oder drei Jahre in Deutschland

Die hier lebenden jungen Afrikaner müssen unbedingt
betreut werden: Sie könnten Paten bekommen in Gestalt
von Pfadfindern, von BdKJ-Gruppen, CVJM-Gruppen, von
einzelnen lokalen Gemeinden, die sich um eine Gruppe
oder auch um einen Einzelnen kümmern, ihn mal in eine
Familie holen, am Wochenende Ausflüge oder Sportveran-
staltungen organisieren. Es müsste geradezu ein Wettbe-
werb und Ehrgeiz darin bestehen, diesen jungen Afrikanern
das Leben so angenehm wie möglich zu machen. Bei jungen Christen wäre auch der gemeinsame Kirchenbesuch,
bei Muslimen die Anbindung an eine Moschee wichtig.

Wir wollen die jungen Leute in verschiedenen Ausbil-
dungsstätten des Kolping-Werkes (oder auch anderer kom-
munaler oder kirchlich-sozialer Dienste) unterbringen und

eine entsprechende berufliche Qualifikation ermöglichen.
Diese jungen Afrikaner sollten auch die Möglichkeit haben,
etwas zu verdienen, was sie ihren Familien schicken können. Ein Teil des verdienten Geldes wird auf einem Konto
einbehalten, und den jungen Leuten dort wird die Möglichkeit gegeben, einen Betrieb oder ein Geschäft zu eröffnen.

Die Bedingungen müssen knallhart sein: Es bleibt ein
kleiner Teil dessen, was die jungen Leute verdienen, hier
auf einem Konto und verfällt, wenn sie hier untertauchen.

Auch gibt es das Kontingent in dem ausgewählten Land,
an dem die jungen Leute hängen. Das Kontingent geht verloren, wenn die Studenten sich nicht an diese Bedingungen
halten.

Diese Vereinbarung mit dem Staat in Ghana oder Ruanda erbitten wir von der Bundesregierung. Die Ausbil-
dungsmaßnahmen sollten auch zum größeren Teil von den
Bundesministerien (BMZ oder Auswärtiges Amt) getragen
werden.

Das Kolping-Bildungswerk verfügt über genügend Plät-
ze, um sicher und ohne große Probleme diese 300 jungen
Afrikaner für diese Ausbildung aufzunehmen.

Die Sprache sollte Deutsch sein. Die Sprache sollte
schon in Ghana (Tansania, Uganda) gelernt werden, einmal durch Deutsch-Kurse des Goethe-Instituts vor Ort,
wie auch durch eine eigene Anstrengung der Grünhelme,
die die Auswahl der Kandidaten vor Ort und die Durchfüh-
rung von Sprachkursen organisieren würden. Diese jungen

Leute brauchen in Deutschland von allem Anfang an Be-
gleiter, Migrations-Stewards, die sich bereiterklären, mit
ihnen zu arbeiten.

In diesen Tagen könnte bei Nacht und Nebel ein großer
Seelenverkäufer mit ca. 13 000 Migranten aus Dakar und
Bamako, Accra, Lagos und Nouadhibou in Hamburg anlegen, und das Geschrei wäre groß. Es hat keinen Sinn, jetzt
eine Vogel-Strauss-Politik zu beginnen. Der Marsch hat
schon begonnen. Es kann mal der eine oder andere Zugang
gesperrt sein, aber eine große Zahl dieser Menschen wird
es zu uns nach Europa schaffen.

Wollen wir daraus nicht eine produktive Situation machen und mit einem Herkunftsland in Afrika eine ganz große Partnerschaftsaktion beginnen?

Afrika ist mir ans Herz gewachsen. Seit ich vor dreißig
Jahren den großen Schlüsselroman »Alles zerfällt« von Chi-
nua Achebe gelesen habe, macht mich jede Enttäuschung
wütender auf die, die den Afrikanern es nicht gönnen wollen, ein eigenes wohlständiges Leben mit den Reichtümern
zu führen, die sie der ganzen Welt verkaufen. Das Buch ist
mittlerweile mehr als zehn Millionen Mal verkauft und in
45 Sprachen übersetzt.

Was es für uns alle leisten konnte und weiter leisten
wird: Es räumt mit der heimlichen Klischee-Vorstellung
auf, die auch in meinem Kopf noch herumgeistert: dem Kli-
schee von den wilden, ungebildeten, geschichtslosen und
primitiven Afrikanern. Den *Negern*, wie man früher sag-

te. Und den man sich in die Kirche stellte als sogenannten Nick-Neger. Der dafür danken sollte, dass da wieder was zusammenkam. Es waren eben keine primitiven Wilden, die von den Kolonisatoren überwältigt wurden. Die Igbo Gesellschaft, der Achebe angehörte, war eine Gesellschaft auf hohem Niveau mit ausdifferenzierten moralischen Codices, Traditionen, Glaubensriten, mit Initiations- und Hochzeitsriten.

Ich werde diesem Kontinent immer verbunden bleiben. Vielleicht gelingt es mir, mal dorthin zu ziehen und meinen radikalen Lebensabend dort zu verbringen? Zum Beispiel in Afabet in Eritrea, wo wir im Februar 1987 fast das Opfer eines MiG-Angriffs der äthiopischen Luftwaffe waren. Oder in einem der wunderschönen Orte am Kivu-See, entweder auf der Seite Ruandas oder der Seite der Demokratischen Republik Kongo. Am liebsten, wenn es eine Freihandels- und Schengen-Zone geben wird zwischen Kigali und Kinshasa.

SCHLUSSWORT

Ich wurde mein Leben lang so reich beschenkt, dass ich nur hoffnungsvoll in die Zukunft blicken kann.

Unsere wichtigste Aufgabe wird sein, für Menschen, die zu uns kommen, eine Ausbildung zu organisieren, sie menschenfreundlich aufzunehmen und ihnen hier oder nach ihrer Rückkehr in ihre Heimat einen guten Arbeitsplatz zu verschaffen. Alle Asylbewerber-Aufnahmestellen sind Brutstätten des nationalistischen Irrsinns. Menschenrechte sind für mich außer Kraft gesetzt, wenn Menschen nicht arbeiten dürfen. Wir sind dabei, solche Stoßtrupps der Ausbildung für und mit diesen Menschen einzurichten, ganz gleich ob sie aus Ländern Afrikas, aus Syrien oder aus Bangladesch kommen. Es sind unsere Brüder und Schwestern.

Die schönste Tat hat meine deutsche Gesellschaft vollbracht, als sie 11 340 vietnamesische Bootsflüchtlinge gerettet hat. In dem Schiff war nur die Kraft der freien Gesellschaft der Deutschen, die diese Rettung möglich gemacht hat. Wir werden am 9. August 2014 in Hamburg zusammen mit den Vietnamesen-Deutschen den 35. Jahrestag ihrer Rettung feiern. Sie werden wieder ihre alte und auch die deutsche Nationalhymne singen. Alle, die dieses Fest deutscher Freiheit und Großzügigkeit in Hamburg miterleben wollen, können daran teilnehmen (Anmeldungen per E-Mail an Thomas.Nguyen@t-online.de).

QUELLENNACHWEISE

1   Kant, Immanuel: Bemerkungen in den »Beobachtungen über das Gefühl des Schönen und Erhabenen«, hrsg. von Marie Rischmüller, Hamburg: Meiner 1991, S. 38.

2   Conquest, Robert: Der Grosse Terror. Sowjetunion 1934-1938. München: Langen-Müller 1992, S. 202.

3   Zitiert nach »Frankfurter Allgemeine Zeitung« vom 15.10.2013: Angst ist das herrschende Paradigma. Ein Gespräch mit dem Schriftsteller Mohsin Hamid.

4   Alles zitiert nach Antonio Spadaro SJ: Das Interview mit Papst Franziskus, Freiburg: Herder 2013, S. 58f.

5   Zitiert nach Bo Lidegaard: Die Ausnahme, München: Blessing 2013, S. 347.

6   Grass, Günter: Mein Jahrhundert. Göttingen: Steidl 1999, S. 298f.

7   Digitaler Weltstaat oder digitaler Humanismus? Der Soziologe Ulrich Beck im Gespräch, in: Frankfurter Allgemeine Zeitung vom 20. Juli 2013.

8   Ebenda.

9   Ebenda.

10 Marin, Lou (Hrsg.): Albert Camus : Libertäre Schriften (1948–1960). Hamburg : Laika-Verlag 2013, S. 210.

11 Camus, Albert: L'Homme Revolte, Paris: Editions Gallimard 1951,
    S. 432.

12 Polk, William Roe: Aufstand. Widerstand gegen Fremdherrschaft:
    vom Amerikanischen Unabhängigkeitskrieg bis zum Irak, Hamburg:
    Hamburger Edition, S. 300.

13 Camus, Albert: Die Pest. Reinbek bei Hamburg: Rowohlt 1997,
    S. 291-293.

14 Roberts, Callum: Der Mensch und das Meer. Warum der größte
    Lebensraum der Erde in Gefahr ist. München: DVA 2013, S. 345.